Aachen entdecken – ein Stadtführer

Bildnachweis:

Fotos: Sabine Mathieu
Bilder auf den Seiten 31, 34, 35 und 36: Andreas Herrmann
Coverfotos: Sabine Mathieu, © fotolia/Carsten Kykal,
[iStockphoto]/Thinkstock
Covergestaltung: Sabine Groten
Karten: Grundlage der Karten ist der Amtliche Stadtplan
und sein Urheber die Stadt Aachen, Fachbereich Geoinfor-
mation und Bodenordnung.

Sabine Mathieu

Aachen entdecken –
ein Stadtführer

Rundwege durch die Kaiserstadt

Meyer & Meyer Verlag

Aachen entdecken – ein Stadtführer

Bibliografische Information der Deutschen Nationalbibliothek
Die Deutsche Nationalbibliothek verzeichnet diese Publikation
in der Deutschen Nationalbibliografie; detaillierte bibliografische
Details sind im Internet über <http://dnb.d-nb.de> abrufbar.

© 2011 by Meyer & Meyer Verlag, Aachen
2. Auflage 2012
Auckland, Beirut, Budapest, Cairo, Cape Town, Dubai, Indianapolis,
Kindberg, Maidenhead, Sydney, Olten, Singapore, Tehran, Toronto
Member of the World
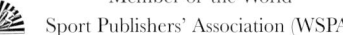 Sport Publishers' Association (WSPA)
Druck: B.O.S.S Druck und Medien GmbH
ISBN: 978-3-89899-659-4
E-Mail: verlag@m-m-sports.com
www.aachen-buecher.de
www.dersportverlag.de

Inhalt

Sehr geehrte Leserinnen und Leser,

dieser kleine *Stadtführer* soll Ihnen einen kurzen Überblick über Aachen und seine Sehenswürdigkeiten geben. Sie finden kurze Informationen zu den wichtigsten Orten, zu unserem Stadtschmuck und über die verschiedenen Plätze. Für auswärtige Gäste habe ich besonderen Wert auf einen ausführlichen Altstadtrundgang und eine gründliche Beschreibung von Dom und Rathaus gelegt.

Im Kapitel „Kleines Aachen-ABC" sind ergänzend wichtige Begriffe, Orte und historische Ereignisse zusammengefasst.

In den Touren 3 und 4 finden Sie Rundgänge, die über den Stadtkern hinausgehen, aber zu Fuß leicht zu erreichen sind.

Wenn Sie es lieber sportlich mögen, können Sie Tour 4 rund um den Stadtpark und auf den Lousberg hinauf gerne mit einem „Segway" unternehmen.

Bekommen Sie mit diesem „Schnelleinsteiger" einen ersten und hoffentlich positiven Eindruck von dieser wunderschönen Stadt, in der ich seit 1998 Stadtführerin sein darf.

Ich wünsche Ihnen „Völl Plaisir" mit diesem Büchlein und während der Touren. Das ist Öcher Platt und heißt „Viel Spaß".

Adieda Ihre
Sabine Mathieu

1. Rundgang

Pfalzanlage Kaiser Karls des Großen

Das Rathaus, der Katschhof, der Dom

Kaiser Karl der Große (um 748-814) und seine ehemalige Pfalzanlage spielen in Aachen eine zentrale Rolle. Das dürfen Sie wörtlich nehmen, denn rund um diese Pfalz ist das moderne Aachen entstanden. Bis heute bilden das Aachener Rathaus, der Dom und der Katschhof – als Verbindung zwischen den Gebäuden – den Mittelpunkt der Altstadt. Sie hat sich nach der Karolingerzeit rund um dieses Zentrum entwickelt.

Exakte Rekonstruktionen der baulichen Situation zur Zeit Kaiser Karls sind leider nicht mehr möglich. Bis auf den Granusturm am Rathaus und den Zentralbau des Aachener Domes, das Oktogon, sind steinerne Zeugen aus Kaiser Karls Zeit rar. Die Wohnanlagen des Pfalzhofes, der *Vicus*, werden in der Nähe der Quellen, am Hof, vermutet. Sie waren wahrscheinlich aus Holz errichtet und sind wegen der ständigen Bebauung der Altstadt in den vergangenen 1.200 Jahren nicht mehr nachzuweisen. Dennoch, Aachen hat mehr original erhaltene karolingische Bausubstanz als andere Städte.

Eine Pfalz zu Zeiten Karls des Großen wurde in der Regel als Aufenthaltsort im Winter, für die größeren Reichstage und Synoden genutzt. Kaiser Karl war, wie alle Herrscher vor und nach seiner Zeit, ein Reisekönig ohne festen Wohnsitz. Die *Pfalzen*, später wurde aus dem Wort der Begriff *Palast*, hat er nach festen Regeln besucht. Vielerorts gab es Probleme, die Versorgung des königlichen Hofstaates für Monate sicherzustellen.

Die Pfalz in Aachen hatte einen Vorläufer. Bekannt ist, dass schon Kaiser Karls Vater, *Pippin der Kurze*, 765 Weihnachten und 766 Ostern auf dem Aachener Pfalzhof verbracht hat. Über diese erste Pfalzanlage gibt es keine exakten Informationen. Kaiser Karl der Große machte schließlich die neu erbaute Aachener Pfalz zur größten seines Riesenreiches. Zeitgenossen priesen Aachen sogar als „neues Rom". Aus *Ach*, einem kleinen, unbedeutenden Ort mit heißen Quellen, wurde der Mittelpunkt des Reiches mit nie gesehenen Monumentalbauten. Das sind: der Zentralbau des heutigen Domes, das Oktogon mit seinem Sechzeneck, sowie die Fundamente und Teile des Außenmauerwerks des Aachener Rathauses.

Schließlich verbrachte Kaiser Karl sogar seine letzten Lebensjahre fest auf dieser, seiner Lieblingspfalz. Er litt an Gicht und Rheumatismus und war mit über 60 Jahren wohl auch zu alt geworden, um ständig im Sattel zu sitzen. Aachen wurde sein Alterssitz. Hier starb er am 28. Januar 814. Gegen neun Uhr morgens erlag er den Folgen einer schweren Erkältung, die er sich auf einer Jagd zugezogen haben soll. Er wurde am selben Tag, abends gegen 18 Uhr, im Aachener Dom beigesetzt. Um die Grabstätte gibt es viele Vermutungen, aber leider bis heute keine echten Beweise. In der Domschatzkammer ist der Proserpina-Sarkophag als erste mögliche Grablege erhalten. Wo er im Dom jedoch gestanden hat und ob er überhaupt die Gebeine des Herrschers je bewahrt hat, ist nicht sicher. Heute ruhen Kaiser Karls Gebeine im Karlsschrein in der Apsis des Chorgebäudes des Domes. In diesen Schrein wurde er 1215 umgebettet. 1165 war Kaiser Karl heiliggesprochen worden. Damit war sein Körper nach dem Verständnis des Mittelalters zu einer Reliquie geworden. Die Heiligsprechung erfolgte auf Druck Kaiser Friedrich I., genannt *Barbarossa*, (um 1122-1190). Sie wurde von einem Gegenpapst, Paschalis III. (Pontifikat zwischen 1164-1168), vorgenommen. Diesem Papst wurde später seine Legitimität abgesprochen und damit auch alle seine Heiligsprechungen zurückgenommen. Als lokaler Heiliger darf Kaiser Karl jedoch in Aachen weiter verehrt werden. Sein Gedenktag ist der 28. Januar.

Machen Sie eine kleine Tour rund um die historische Pfalzanlage. Ausgangspunkt dafür ist der Marktplatz. Dort steht das Aachener Rathaus.

Rathaus

Das Rathaus ist der Nachfolgebau von Kaiser Karls gigantischer Festhalle. Es ist 47,5 m lang und 20,5 m tief. Die *Aula regia*, in der zu karolingischen Zeiten legendäre Hallenfeste, Synoden und Reichstage abgehalten wurden, war im Laufe der Jahrhunderte baufällig geworden. Sie hatte seit dem zehnten Jahrhundert als Festsaal für die Königskrönungen gedient.

Die Stadt Aachen war auf dem Weg zu einer erfolgreichen Tuchmacher- und Handelsstadt. Das Grashaus am

Fischmarkt (vgl. S. 65/66) entsprach offensichtlich nicht mehr den Ansprüchen der Zeit. So entschieden sich die Aachener, die alte Festaula in ein neues Bürgerhaus umzubauen. Um 1332 begannen die Arbeiten nach Plänen eines unbekannten Baumeisters. Aus dem karolingischen, ebenerdigen Festsaal wurde ein gotisches Rathaus, erweitert um eine erste Etage. Dort wurde wieder ein Festsaal eingebaut. Er heißt heute *Krönungssaal*. Das neue Rathaus war 1349 fertig gestellt. Ob es jedoch mit der Königskrönung von Karl IV. (1316-1378) am 25. Juli 1349 eröffnet wurde, kann leider nicht mit Sicherheit belegt werden.

Das Rathaus

Betrachten Sie das Rathaus zunächst von außen. Die **Fassade** ist bereits die dritte, die das Haus hat. Die erste gotische Fassade hatte, wie die heutige, einen Figurenschmuck. Möglicherweise waren es Herrscherfiguren, denn Aachen war seit 936 Krönungsort der deutschen Könige. Sie wurden 1723 mit Beginn der Umgestaltung des Hauses in ein barockes Stadtpalais abgeschlagen und sind seitdem verschwunden.

Die zweite Fassade schuf Johann Josef Couven 1724. Er hatte 23-jährig den Auftrag erhalten, die Barockisierung des gotischen Bauwerks vorzunehmen. Gleichzeitig gestaltete er den Karlsbrunnen auf dem Marktplatz gegenüber dem Rathaus um. Der barocke Brunnenrand ist noch erhalten.

Seine heutige Fassade erhielt das Rathaus im 19. Jahrhundert. Schon 1842 wurden die ersten Pläne zur Regotisierung des Rathauses gemacht. Dennoch dauerte es bis 1902, ehe die neue Fassade nach langen Debatten um ihr **Figurenprogramm** endlich realisiert war. Sie wurde durch Kaiser Wilhelm II. (1859-1941) feierlich eingeweiht.

An der **Fassade** hängen 54 Herrscher des „Heiligen Römischen Reiches Deutscher Nation". Von ihnen wurden 30 zwischen 936 und 1531 in Aachen gekrönt. An der linken Seitenwand, über dem Restaurant „Postwagen", befinden sich die letzten karolingischen Herrscher. Die Figuren wurden zwischen 1881 und 1901 von verschiedenen Künstlern ausgeführt. Leider hat die Fassade während eines Brandes 1883 schweren Schaden genommen. Die schwarzen Stellen im Sandstein sind noch stumme Zeugen dieser Katastrophe und sie sind nicht ohne Schaden für das Gebäude zu entfernen. Zum zweiten Mal wurde die Fassade während des Zweiten Weltkrieges stark beschädigt. Das Gebäude war so schwer getroffen worden, dass es einsturzgefährdet war. Josef Pirlet, Professor für Statik an der RWTH Aachen, gelang das scheinbar Unmögliche: er rettete das Gebäude mit schweren Ankern, die durch die Decken gezogen wurden. Sie sind rechts und links neben den Pfeilerfiguren deutlich zu erkennen.

Das Band mit den **Reliefs** stellt von links nach rechts die „Sieben Freien Künste", die verschiedenen Gewerke und die sieben Fakultäten als Repräsentanten der modernen Wissenschaften dar.

Die „Sieben Freien Künste" wurden schon an der Hofschule Kaiser Karls gelehrt. Sie galten im alten Rom als Basis der Gelehrsamkeit eines freien römischen Bürgers. Die Gewerke erinnern an die mittelalterlichen Zünfte und die Fakultäten an die 1865 gegründete Polytechnische Universität, die heutige Rheinisch-Westfälische Technische Hochschule Aachen (RWTH).

Die **Wappenreihe** darunter bezieht sich auf die sieben Kurfürsten und kirchliche wie weltliche Machthaber in der Umgebung von Aachen. Außerdem sind Wappen von Herzögen und Grafen aufgenommen, deren Herrschaftsgebiete in einer Beziehung zu Aachen standen.

Gehen Sie die geschwungene Treppe hinauf. Die **Treppenanlage** wurde ebenfalls im 19. Jahrhundert erneuert, man behielt die Zweiläufigkeit des barocken Aufgangs jedoch bei. Der ausführende Architekt war Stadtbaumeister Friedrich Ark. Links neben dem Eingang zum Restaurant steht seit Januar 2012 ein Bronzemodell des Aachener Rathauses (vgl. S. 48).

Über der Eingangstür hängt eine Dreiergruppe. Sie stellt in einer **Majestas Domini** Jesus Christus als Herrscher der Welt dar. Zu seinen Füßen knien links Papst Leo III. (Pontifikat 795-816) und rechts, mit dem Dom auf dem Knie, Kaiser Karl der Große. Die Statue sieht dem jungen Kaiser Wilhelm II. verdächtig ähnlich. Kaiser Karl wurde durch Papst Leo am 25. Dezember 800 in Rom zum Kaiser gekrönt. Historische Konsequenz war, dass die in Aachen gekrönten Könige in Rom zum Kaiser gekrönt wurden. So folgten die Herrscher symbolisch Kaiser Karl nach. Engel halten ein Spruchband, auf dem steht: „Per me reges regat." (Durch mich regiert der König.)

Eingangstür des Rathauses

Die bronzene **Eingangstür** des Rathauses ist von Ewald Mataré (1964). Sie ist wie ein Vorhang gefaltet und an jeder Faltkante hängen kleine Köpfe. Sie sollen wohl die Vielfalt der städtischen Bürgerschaft darstellen, wurden aber von der Bevölkerung als Porträts der Aachener Ratsvertreter verspottet. Die alte Tür schien nach dem Zweiten Weltkrieg unwiederbringlich verschwunden zu sein. Sie wurde 2002 im Keller des Kaiser-Karls-Gymnasiums wiedergefunden und steht heute im Marienturm.

Die Rathaustürme

Die beiden Rathaustürme sind von unterschiedlicher Form: der in seinem Grundriss quadratische **Granusturm** steht links an der Ostseite. Auf der rechten Seite, der Westseite, sehen Sie den halbrunden **Marienturm**. Er entstand auf der Basis der Apsis der ehemaligen Königshalle. Beide Türme sind in ihrem Mauerwerk noch weitgehend karolingisch.

Der **Granusturm** ist bis zur Hälfte original erhalten. Er gilt als das erste Bauwerk der neuen Pfalz in Aachen. Sein Baujahr wird mit 788 angenommen. Der Name ist ein wenig irreführend. Grannus war ein keltischer Heil- und Wassergott. Er wurde noch zur Römerzeit verehrt und findet sich im ehemaligen Stadtnamen Aquis Granni wieder. Möglicherweise nahm man im Mittelalter an, der Turm sei von den Römern gebaut worden. In seinem Inneren ist eine verwirrende Treppe eingebaut. Immer wieder muss man kleine Räume durchqueren und die Richtung wechseln, um die oberen Stockwerke zu erreichen. Auf diese Weise wurde der Turm gesichert. Nur, was so sicher darin verwahrt wurde oder welche andere Funktion er hatte, das bleibt bis heute rätselhaft. Als Treppenhaus für die ebenerdige Palastaula war er sicher nicht erbaut worden und als Wohnturm eindeutig zu beengt. Mit dem Rathausneubau hat man ihn in der Höhe angepasst. Im Mittelalter wurde er zeitweise auch als Archiv, Gefängnis und Wachturm genutzt. Eine Brand- und Werkglocke läutete zu den Mittagspausen der Arbeiter.

Der **Marienturm** hat ein Eingangstor zum Markt hin. Es wurde von Ewald Mataré mit den Symbolen der Kurfürsten, die sich um die Reichskrone gruppieren, und dem Reichsadler, den auch das Aachener Stadtwappen trägt, gestaltet. Über dem Tor befindet sich eine Marienfigur. Links daneben, im Uhrenturm, finden Sie die Dreikönigstür, darüber das **Dreikönigsrelief**. Über die Wendeltreppe hinter der unscheinbaren Bronzetür konnte man den Krönungssaal erreichen. Sie wird die **Königstreppe** genannt, denn lange Zeit galt sie als historischer Aufgang zum Krönungsfestsaal.

Die **Marientür** rechts daneben dient als Behinderteneingang. Dahinter befindet sich ein schön geschwungenes Treppenhaus, das bei Festbanketten als improvisierte Küche genutzt wird. Von außen können Sie im Mauerwerk deutlich Reste von Arkaden sehen. Sie stammen vom karolingischen Ursprungsbau. Über den Bögen wurde das Rathaus im 14. Jahrhundert neu errichtet.

Beide Rathaustürme hat Stadtbaumeister Leo Hugot von 1977 bis 1979 mit neuen Turmhelmen ausgestattet. Sie wurden zwar modern gestaltet, die Entwürfe sind jedoch an

Aachen entdecken – ein Stadtführer

die ersten Abbildungen des Rathauses angelehnt. Der Helm des Marienturms enthält ein mit 49 Glocken bestücktes **Glockenspiel**. Es zählt zu den größten der Welt. Bitte wundern Sie sich nicht, dass es immer einige Minuten nach der vollen Stunde spielt. Es lässt den Domglocken den Vortritt!

Die Räume im Rathaus

Das Rathaus kann besichtigt werden. Es ist eine Station auf der *Route Charlemagne* (Vgl. „ABC", S. 118). Im Eintrittspreis ist ein multifunktionaler Audio-Guide enthalten. Hier finden Sie eine kurze Zusammenfassung der Räume:

Links neben dem Eingang kommen Sie in den **Ratssaal**. Er wird bis heute mindestens einmal im Monat für die Sitzungen des Stadtrates genutzt. Hier legen die Aachener großen Wert auf Tradition! Ein wenig kurios ist, dass nebenan das Büro des Oberbürgermeisters und sein Sekretariat sind. Nicht besonders praktisch, aber im Zeitalter der Technisierung kein Problem, dass der Verwaltungschef im historischen Rathaus residiert, während seine Verwaltung über die ganze Stadt verteilt ist.

Der Ratssaal war ursprünglich in zwei Räume unterteilt. Die Deckengemälde stammen aus dem 17. und 18. Jahrhundert. Die Holzvertäfelungen erinnern an die barocke Periode. Sie wurden von Johann Josef Couven entworfen und vom Lütticher Schreiner Jacques de Reux ausgeführt. So kommt dieser Stil an seinen Namen: *Aachen-Lütticher Barock*.

Das Gemälde auf der Kopfseite des Ratssaales stellt Kaiser Karl den Großen dar. Zu erkennen ist er an dem imaginären Wappen, in dem Frankreich durch die Bourbonenlilie und Deutschland durch den Adler dargestellt ist. Das Bild wurde um 1600 für die Essener Reichsabtei Werden von einem unbekannten Künstler gemalt.

Die Gemälde auf der Längsseite des Saales sind von hinten nach vorne: Franz II. (1768-1835), der letzte deutsch-römische Kaiser, Kaiser Karl VI. (1685-1740), seine Tochter, Kaiserin Maria Theresia (1717-1780) und ihr Gatte, Kaiser Franz I. von Lothringen (1708-1765).

Rechts und links neben der Eingangstür hängen Napoleon Bonaparte (1769-1821) und seine erste Gattin Joséfine (1763-1814). Sie weilte im August und September 1804 in Aachen zur Kur. Napoleon hat sie hier besucht. Zur Erinnerung an dieses Ereignis bekamen die Aachener die Bilder geschenkt.

Gegenüber dem Ratssaal kommen Sie in den **Weißen Saal**. Der Saal wurde von Thomas Vasalli und Ludovico Castelli ausgestattet. Die Ecken zeigen die Herrschertugenden. Die Gemälde sind Erinnerungsporträts der Gesandten, die am Aachener Frieden von 1748 beteiligt waren. Der Oberbürgermeister und seine Stellvertreter und Stellvertreterinnen nutzen den Saal für kleine Empfänge. Brautpaare können ihn für ihre standesamtliche Trauung mieten.

Weißer Saal

Vom Weißen Saal aus gehen Sie weiter ins **Werkmeistergericht**. Dieser Raum wurde bis zur Abschaffung der Doppelspitze in Nordrhein-Westfalen, 1994, als Bürgermeisterzimmer für den ehrenamtlichen Oberbürgermeister benutzt. Heute erinnern die Porträts verschiedener Bürgermeister der früheren Jahrhunderte an diese Tradition. Seinen Namen verdankt er der Zeit der Zünfte. Damals trafen sich die Tuchmacher hier, um die für den Export bestimmten Tuche genau auf ihre Qualität zu prüfen. Das Gemälde Kaiser Karls im Raum ist eine Stiftung der Tuchmacher. Es wurde wie die allegorischen Wandgemälde von Chrysant Bollenrath gemalt. Dieser Aachener Künstler zog sich nach Abschluss seiner Arbeiten am Rathaus von der Malerei zurück. Mit dem Hinweis, dass man in Aachen mit der Kunst kein Geld verdienen könne, wechselte er seinen Beruf: er wurde Weinhändler.

In den Vitrinen sind die Kette des Oberbürgermeisters, das Goldene Buch des 20. Jahrhunderts und die beiden letzten Teile des historischen Ratssilbers ausgestellt.

Eine kleine Tapetentür führt in den nächsten Raum, die **Werkmeisterküche**. Hier werden einige Filme und Bilder aus der Zeit während und nach dem Zweiten Weltkrieg gezeigt. Den Namen trägt der Raum wegen des hohen Kamins. Möglich, dass ihn die Werkmeister tatsächlich nutzten, um etwas darin aufzuwärmen. Der Kamin ist eine prächtige Arbeit von 1668. Darüber steht ein Bild Kaiser Friedrichs III., der 1888 als 99 Tage Kaiser in die Geschichte einging.

Die Gemälde gegenüber dem Fenster erinnern an die Zeit der preußischen Herrschaft. Es sind Porträts von Königin Elisabeth, der Namenspatronin des Elisenbrunnens, und ihres Gatten, König Friedrich Wilhelm IV. (1795-1861). Das Großbild zeigt seinen Bruder, Kaiser Wilhelm I. (1797-1888), während der Jubiläumsfeier zum 50. Jahrestag „Preußen und das Rheinland" vor dem Aachener Rathaus.

Friedenssaal

Gehen Sie weiter in den **Roten Saal** oder den **Friedenssaal**. Ein prächtiger Raum, dessen roter Anstrich jedoch aus den 60er Jahren des 20. Jahrhunderts stammt. Der Raum wurde damals als barocker Prachtraum neu gestaltet, die Holzvertäfelungen von Johann Josef Couven rot und golden verziert. In diesem Raum sollte der Aachener Frieden unterzeichnet werden. Wie im Weißen Saal hängen auch hier Porträts der Gesandten. Am 18. Oktober 1748 wurde mit dem Aachener Frieden der Anspruch Maria Theresias auf den österreichischen Thron bestätigt und ein acht Jahre währender Erbfolgekrieg beendet.

Leider fand die Unterzeichnung des Vertrags nicht im Friedenssaal statt. Man hatte ihn zwar aus diplomatischen Gründen mit vier weiteren Türen ausgestattet, das neue Mobiliar war jedoch nicht fertig geworden.

Bevor Sie nun die Treppe zum Krönungssaal hinaufgehen, werfen Sie im Foyer einen Blick auf zwei Gemälde, die Albrecht Dürer (1471-1528) für die Heiltumskammer in Nürnberg 1512 gemalt hat. Das Porträt Kaiser Karls ist das bekannteste Bild des Herrschers überhaupt. Das andere zeigt Kaiser Sigismund (1368-1437), der die Krönungsinsignien nach Nürnberg geholt hat. Die Bilder sind Kopien, die für eine Ausstellung nach dem Ersten Weltkrieg gemalt worden sind. Auf einem Monitor sehen Sie eine eindrucksvolle Videopräsentation der Pfalzanlage in Aachen.

Gehen Sie nun durch die Glastür ins **Treppenhaus**. Es wurde ab 1843 von Friedrich Ark erbaut.

Auf den verschiedenen Monitoren haben Sie Gelegenheit, sich über den *Internationalen Karlspreis zu Aachen* zu informieren (vgl. „ABC", S. 111/112).

Bevor Sie den Krönungssaal betreten, werfen Sie einen Blick aus dem Fenster. Nirgendwo sonst in Aachen hat man einen so schönen Blick auf den Aachener Dom.

Die **Wandgemälde** (1898-1900) von Albert Baur auf dem obersten Treppenabsatz stellen zwei Szenen aus der Aachener Stadtgeschichte dar: den Schwur der Aachener von 1171, eine Stadtmauer zu bauen und die Entdeckung der heißen Quellen durch die Römer.

Über dem Eingang hängt das Monogramm Kaiser Karls des Großen. Durch die Glastüren (1964) von Ludwig Schaffrath betreten Sie nun den **Krönungssaal**.

Der Saal entspricht in seinen Ausmaßen denen der ehemaligen Festhalle Kaiser Karls. Nur die Apsis wurde für das Treppenhaus im Marienturm abgetrennt. Bei seiner Eröffnung wurde er als größter und schönster Festsaal Deutschlands gepriesen. Er ersetzte die *Aula regia* in ihrer Funktion als Bankettsaal für die Krönungsfestmähler. Heute dient er für die verschiedensten Veranstaltungen, wie Konzerte, Ausstellungen, Vorträge, Bankette und Preisverleihungen. Wichtigstes Ereignis ist die Verleihung des *Internationalen Karlspreises zu Aachen*, die hier seit 1950, meist am Himmelfahrtstag, stattfindet (vgl. „ABC", S. 111/112).

Der Krönungssaal zeigt sich ohne Bestuhlung in eindrucksvoller Monumentalität. Die Wappen über der Bühne, gegenüber dem Eingang, stellen von links nach rechts dar: den Doppeladler als Herrschaftszeichen für das *Heilige Römische Reich Deutscher Nation*, das Aachener Stadtwappen und das imaginäre Wappen Kaiser Karls des Großen, das auch das Wappen des Marienstiftes des Aachener Domes ist.

Rechts neben der Bühne steht die Original-Statue Karls des Großen vom Marktbrunnen. Sie wurde 1620 im belgischen Dinant gegossen.

Im Erker, der ehemaligen **Ratskapelle**, an der rechten Seitenwand, stehen in einer Vitrine eindrucksvolle Nachbildungen der **Reichsinsignien**. Diese Gegenstände wurden über Jahrhunderte während der Krönungszeremonien verwendet. Mittelpunkt ist die achteckige Plattenkrone. Seit Dürer sie 1512 als Kaiser Karls Krone gemalt hat, gilt sie als seine Krone. Sie ist jedoch mit Sicherheit viel früher gefertigt worden, wahrscheinlich für Otto den Großen (912-973) um 960. Das Reichsevangeliar, die Stephansburse und der Säbel Karls des Großen gehören dem Aachener Domschatz. Alle Originale befinden sich heute in Wien. Kaiser Franz II. nahm die komplette Gruppe bei seinem Rückzug vom Amt als Kaiser des Heiligen Römischen Reiches, 1806, mit in seine Residenz. Wegen der umstrittenen Eigentumsverhältnisse werden die Insignien nie ausgeliehen. So ließ Kaiser Wilhelm II. sie für eine geplante Ausstellung in Aachen von Paul Beumers und Bernhard Witte zwischen 1915 und 1920 kopieren. Sie verwendeten Originalmaterial, sodass der materielle Wert

Reichsinsignien

der Kopien dem der Originale fast gleichkommt. Die Kopien kosteten schon damals 165.000 Reichsmark.

Die Wände des Krönungssaales sind mit **Fresken** aus dem 19. Jahrhundert geschmückt. Der Maler Alfred Rethel erhielt im Alter von 24 Jahren vom Aachener Kunstverein den Auftrag zur Ausführung der Bilder. Sie stellen Motive aus dem Leben Kaiser Karls des Großen dar. Das kleinste Bild hängt links über dem Erker. Es ist die Graböffnung durch Otto III. (980-1002) im Jahre 1000. Kaiser Karl sitzt unversehrt auf seinem Thron. Daneben der Sturz der Irminsul, einem sächsischen Heiligtum. Es erinnert an die über 30 Jahre währenden Sachsenkriege. Über dem Eingang sehen Sie ein Schlachtengemälde. Die Schlacht bei Cordoba ist ebenso legendär wie aufsehenerregend. Die Pferde haben ihre Augen verbunden, damit sie vor den Masken der Sarazenen nicht scheuen. Kaiser Karl reitet als Sieger in die Szene ein. Die beiden Motive an der Wand zum Marienturm zeigen den Einzug in Pavia, durch den Karl der Große auch König der Langobarden wurde. Daneben ist die erste Königskrönung in Aachen dargestellt. Am 11. September 813 krönt sich Karls Sohn Ludwig der Fromme (778-840) auf Befehl seines Vaters zum Mitregenten.

Der Bilderzyklus entstand zwischen 1846 und 1861. Das letzte Bild führte Joseph Kehren aus. Sein Lehrer Alfred Rethel verstarb schon 1859, nachdem er bereits einige Jahre zuvor durch seine Krankheit am Malen gehindert worden war. Drei Motive sind im Zweiten Weltkrieg verloren gegangen. Die heute erhaltenen wurden vom Aachener Kunstmaler Franz Stiewi, assistiert von seiner 18-jährigen Nichte Marita Jung, noch wärend des Krieges gerettet.

Die **Fenster** des Saales entpuppen sich auf den zweiten Blick als einzigartige Kunstwerke. Ewald Mataré schuf sie nach dem Zweiten Weltkrieg. Jedes Fenstergeviert hat ein eigenes Muster.

Verlassen Sie das Rathaus und gehen Sie links am Marienturm vorbei auf den Katschhof.

Der Katschhof

Katschhof

In der Aachener Altstadt gibt es nur einen rechteckigen Platz, den **Katschhof**. Alle anderen Plätze sind dreieckig (vgl. „ABC", S.110)

Er verbindet Dom und Rathaus miteinander und gibt bis heute einen Eindruck von der Monumentalität der karolingischen Pfalz. An den Schmalseiten dieses historischen Platzes stehen sich die Mächte Kirche und Staat gegenüber, repräsentiert durch die einzigartigen Monumentalbauten aus der Zeit Kaiser Karls. Was für eine Machtdemonstration!

Der Name *Katschhof* kommt vom Wort *Kax*. So wurde der *Pranger* genannt. Der Schandpfahl stand hier gleich in der Nähe des Gerichtsgebäudes, der *Acht*. Auf dessen Gelände finden Sie heute die Hauptanlaufstelle zur *Route Charlemagne*

Rückfassade Rathaus (Südseite)

in einem ehemaligen **Verwaltungsbau**, das *Centre Charlemagne* (vgl. „ABC", S.118).

Das Gebäude wurde 1962 nach Plänen von Gerhard Graubner erbaut. Die Fassade ist aus Bronze und erinnert an einen karolingischen Verbindungsgang zwischen dem historischen Festsaal und dem Aachener Dom. Auch das benachbarte Gebäude aus Blaustein nimmt diesen Gedanken auf. Hier stand ursprünglich ein Torbogen. Das moderne Gebäude gehört zur **Domsingschule,** der Schule für Dommusik. Zum Katschhof hin hat sie moderne Türen von Jonas Haffner. Sie stellen die verschiedenen Entwicklungsstufen der Musik dar. Die Domsingschule ist eine Grundschule. Die Knaben für den Domchor – seit etwa 1.220 Jahren ein reiner Männerchor – werden hier ausgebildet. Seit 2009 nimmt die Schule auch Mädchen auf. Sie singen jedoch in einem eigenen Chor.

Das Wohn- und Geschäftshaus gegenüber nennen die Aachener **„Boxemönster"**, frei übersetzt der „Hosendom". Es wurde 1981 in Anlehnung an Pläne des ehemaligen Dombaumeisters Josef Buchkremer als Geschäftshaus für Bekleidung, darunter auch Hosen, errichtet.

Im Schatten des Rathauses finden Sie einen **Kräutergarten**. Er erinnert an das *Capitulare de villis* von 813. In dieser Krongüterverordnung ließ Kaiser Karl die Verwaltung seiner Pfalzen und Ländereien regeln. Das Werk war so detailliert, dass alle damals bekannten Heil- und Gewürzkräuter darin aufgelistet wurden. Deshalb gilt es als ältestes botanisches Lexikon in Westeuropa.

Der Katschhof ist als Veranstaltungsort im Aachener Jahreskalender fest eingeplant. Hier finden Floh-, Kunst- und Handwerkermärkte, das Weinfest und der Aachener Weihnachtsmarkt statt. Er eignet sich außerdem für Konzerte, verschiedene Kulturveranstaltungen und für das alljährliche Domspringen, ein Stabhochsprungspektakel. Während der Heiligtumsfahrten dient er für Gottesdienste. Einmal war der Katschhof sogar Kulisse für die Verleihung des *Internationalen Karlspreises zu Aachen*: Bill Clinton bekam den Preis im Jahr 2000. Weil im Krönungssaal zur selben Zeit eine große Ausstellung stattfand, verlegten die Aachener die Verleihung auf den Katschhof. Der Vorteil war, es konnten wesentlich mehr als nur 750 Menschen der Zeremonie live folgen. Ungewöhnlich und kaum zu glauben: An diesem Maitag brannten sieben Sonnen vom Himmel! Was die Amerikaner schulterzuckend mit „Clinton-Effect" begründeten.

Kräutergarten

Verlassen Sie den Katschhof über die Ritter-Chorus-Straße, zwischen Domsingschule und Centre Charlemagne. Ritter Chorus war im 14. Jahrhundert diverse Male Aachener Bürgermeister. Er gilt als Initiator des Neubaus für das Rathaus. Am Ende der Ritter-Chorus-Straße biegen Sie links in die Johannes-Paul-II.-Straße ein. Johannes Paul II. bekam 2004 ein Jahr vor seinem Tod von den Aachener Bürgern einen außerordentlichen Karlspreis in die Sala Clementina nach Rom gebracht.

Nach wenigen Metern sehen Sie links ein reich geschmücktes hochgotisches Tor.

Dahinter kommen Sie zum Eingang der **Domschatz- kammer**. Er heißt in Aachen das **kleine Drachenloch.** Die Aachener Quellen wurden der Legende nach von drachen- ähnlichen Wesen, den Bachkälbern, bewacht (vgl. S. 56).

Gegenüber, in einem Flachbau aus den 60er Jahren des 20. Jahrhunderts, finden Sie die **Dominformation**. Dort können Sie sich umfassend über Dom und Schatzkammer informieren und Dombesichtigungen buchen. An der Ecke steht eine antike Granitsäule, die bei Ausgrabungen auf dem Domhof gefunden wurde. Darüber hängt das Original eines Wasserspeiers, der am Domchor inzwischen durch eine Kopie ersetzt wurde.

Die Domschatzkammer

Im Aachener **Domschatz** werden bemerkenswerte Kunstschätze aus den ver- gangenen zwölf Jahrhun- derten gezeigt. Zahlreiche Ausstellungsstücke sind noch aus der Zeit Kaiser Karls des Großen und seiner Nachfol- ger. Besonderes Highlight ist die **Karlsbüste** aus dem 14. Jahrhundert. Diese ein- zigartige Silberschmiedear- beit prägt das Gesicht Kaiser Karls des Großen. Die Ide- aldarstellung des Herrschers ist ein sprechendes Reliqui- ar. Sie enthält eine original Schädelreliquie. Bekrönt wird sie von der Krone Karls IV., mit der dieser am 25. Juli 1349 in Aachen zum König gekrönt wurde.

Domschatzkammer

Auch der **Proserpina-Sarkophag**, Kaiser Karls mögliche erste Ruhestätte, ist in der Domschatzkammer ausgestellt. Außergewöhnlich schön ist auch das **Lothar-Kreuz**. Dieses über 1.000 Jahre alte Zeremonialkreuz wird heute noch während besonders wichtiger Pontifikalämter benutzt. Eine **Elfenbeinsitula** wurde angeblich aus einem Zahn von Kaiser Karls Elefanten gefertigt. Er hieß Abul Abbas und kam 802 als Geschenk von Harun ar-Raschid (um 763-809) aus Bagdad nach Aachen. Leider wird sie erst auf das Jahr 1000-1020 datiert. Sie gilt als eine mittelrheinische Arbeit.

Außerdem stellt der Domschatz die **Schlösser des Marienschreins** aus. Der Marienschrein wird nach jeder Heiligtumsfahrt mit einem neuen Schloss versehen. Das wird, nachdem der Schlüssel sich im Schloss gedreht hat, mit Blei ausgegossen und so unbrauchbar gemacht. Zu Beginn der nächsten Heiligtumsfahrt muss es von einem Goldschmied aufgeschlagen werden.

Eine besonders schöne **Krone ist die der Margarete von York** (um 1461). Die Gattin des Burgunderherzogs Karl der Kühne (1432-1477) schenkte sie dem Gnadenbild, einer Madonnenfigur im Aachener Dom (vgl. S. 34). Die Madonna trägt die Krone nur während der Heiligtumsfahrten.

Aachener Dom

Der Aachener Dom

Sie sind jetzt am wichtigsten historischen Bauwerk Aachens angekommen. Der Aachener Dom fasziniert bis heute. Kaiser Karl ließ seinen Zentralbau, das Oktogon, als Marienkirche zwischen 793 und 813 errichten. Von Beginn an hatte die Aachener Marienkirche als Stiftskirche eine wichtige Funktion. Sie war mehr als eine schlichte Pfalzkapelle: Der heutige Dom war der religiöse Mittelpunkt des Reiches. Die ihm angeschlossene Hofschule war ein geistiger und wissenschaftlicher Treffpunkt der großen Gelehrten der karolingischen Zeit. Wichtige Werke, wie das Reichsevangeliar, auf dem die späteren Herrscher ihren Amtseid leisteten, und das Lorscher Evangeliar wurden hier verfasst. Der große Gelehrte Alkuin von York (um 730-804) war Leiter der Hofschule. Er und Kaiser Karls erster Biograf Einhard (um 770-840) forschten und lehrten hier.

Außerdem bestach Kaiser Karls Aachener Marienkirche durch einzigartige Monumentalität. Sie war architektonisch der Kirche St. Vitale in Ravenna ebenso angelehnt, wie dem heutigen Tempeldom in Jerusalem. Ihr 32 m hoher Kuppelbau war der höchste diesseits der Alpen.

Domhof und Haupteingang

Gegenüber der Dominformation betreten Sie den **Domhof** durch ein unscheinbares Gitter. Das war nicht immer so. Rechts und links erkennen Sie Reste eines gotischen Torbogens, des **Pavischbogens**. Er wurde 400 Jahre als Eingang zum Domhof genutzt – als Eingang zum Paradies. Leider fiel er 1811 dem französischen Präfekten Jean Charles François Baron de Ladoucette zum Opfer. Weil seine Kutsche nicht durch den historischen Bogen passte, ließ er das Tor kurzerhand abreißen. Links neben dem Gitter können Sie noch die alte Sechs-Uhr-Pforte erkennen. Sie wurde als Eingang zum Domhof benutzt, wenn zwischen 18 Uhr und sechs Uhr früh das Hauptportal verschlossen war.

Rechts neben dem Eingang steht die **Johanneskapelle**. Sie diente jahrhundertelang als Taufkapelle für den Dom. Tausende Aachener Kinder wurden hier mit *Pauwasser*

Jakobsmuschel

getauft. Man verwendete das Wasser der *Pau*. Der historische Verlauf dieses Baches geht über den benachbarten Fischmarkt (vgl. S. 65/66). 1766 wurde die Kapelle auf gotischem Mauerwerk in barockem Stil neu gestaltet. Im Mauerwerk auf der Seite zum Fischmarkt können Sie eine eingelassene **Jakobsmuschel** erkennen. Sie kennzeichnet Aachen als eine Station auf dem Jakobsweg.

Über der Eingangstür am Domhof sehen Sie eine barocke Abbildung: das **Auge Gotte**s.

Der **Domhof**, der *Pavisch* oder das *Paradies* heißt, hat sich in seiner Form seit Kaiser Karls Zeiten kaum verändert. Lediglich die Bebauung ist heute eine andere als damals. Wenn Sie einen Eindruck von der ursprünglichen Architektur haben möchten, dann schauen Sie die Wände links neben dem Haupteingang zum Dom genauer an. Dort hat man einen Versuch gemacht, die historische Situation der Karolingerzeit wiederherzustellen.

Haupteingang

An der Rückseite der Taufkapelle hängt eine bronzene Informationstafel. Der Aachener Dom ist ein **Weltkulturerbe**. Er wurde 1978 als so bedeutend eingestuft, dass er als erstes deutsches Einzelbauwerk in die Welterbenliste der UNESCO aufgenommen wurde.

Der **Haupteingang** zum Dom befindet sich in einem Vorbau aus Blaustein. Er stammt aus der Zeit der Renaissance von 1788. Die Fenster (1997) sind von Ludwig Schaffrath, das Marienrelief (1954) von Heinz Tobolla. Der Vorbau wurde dem karolingischen Mauerwerk vorgesetzt. Sie erkennen den karolingischen Zentralbau und den Eingang, das **Westwerk**, an seinem speziellen Mauerwerk. Es wurde aus 25 verschiedenen Steinsorten errichtet. Die Steine sind von sehr unterschiedlicher Größe und häufig zum zweiten Mal verwendet. Der Mörtel dazwischen schimmert rosa. Ihm wurden gemahlene Ziegel untergemischt. Zu Kaiser Karls Zeit war das Aussehen der Mauern unerheblich. Kaiser Karls Marienkirche war rot verputzt, das Mauerwerk also nicht zu sehen. Das gotische Fenster im Westwerk wurde später gebrochen. Die Verglasung stammt von Ewald Mataré.

Der Turm über dem Westwerk wurde erst 1884 nach Plänen von Hugo Schneider erbaut. Er ist 74 m hoch. Der Aachener Dom hat das größte, original erhaltene Barockgeläut mit acht **Glocken**. Sieben davon wurden drei Jahre nach dem großen Stadtbrand 1656 von Peter und Jakob von

Trier aus einem Guss geschaffen. Die einzige, nicht mehr originale Glocke ist die dicke Marie. Die 5,8 Tonnen schwere Marienglocke ersetzt seit 1958 ihre Vorgängerin. Diese war im Zweiten Weltkrieg als Erzspende eingeschmolzen worden. Der Turm hat einen Balkon, von dem aus bis 1986 die Zeigung der Heiligtümer während der Heiligtumsfahrten stattfand.

Sehen Sie sich die bronzene **Eingangstür** zum Dom näher an. Eierbänder und Akanthusblätter, welche Löwenköpfe umrahmen – die Tür scheint aus Italien zu stammen. Es scheint nur so. Die beiden Türflügel mit einem Gesamtgewicht von 4,3 Tonnen wurden gleich um die Ecke am Katschhof gegossen. Die Künstler könnten in der Tat aus Italien angereist sein, um dieses seltene Kunstwerk vor 1.200 Jahren hier zu schaffen. Es sind mit Sicherheit die Originaltüren aus der Karolingerzeit.

Der Inhalt des rechten Löwenkopfs ist mit einer alten Aachener Sage verbunden. Denn darin steckt der Daumen des Teufels. Und das kam so:

Die Dombausage

Den Aachenern war das Geld ausgegangen. Sie hatten jedoch Kaiser Karl versprochen, dass sie den Dom in seiner Abwesenheit fertig stellen würden. Da kam ein vornehmer Herr in die Stadt. Er bot sich an, den Aachenern aus ihrer

Eingangstür

Finanznot zu helfen. Als Gegenleistung wollte er die erste Seele haben, die das fertige Bauwerk betritt. Der feine Herr war der Teufel in Person. Die Aachener gingen zum Schein auf den Handel ein. Am Tag der Einweihung jedoch ließen sie keinen Menschen in den Dom. Sie schickten dem drinnen wartenden Teufel einen Wolf in die Kirche. Der Teufel nahm eine Bewegung wahr, sah einen Schatten und stürzte sich auf dessen Seele. Als er realisierte, dass er nur eine Wolfsseele erwischt hatte, war es längst zu spät. Der Handel galt. Wütend warf der Teufel die Seele zu Boden. Sie verwandelte sich in einen Pinienzapfen. Dann stürmte er, heftig die Türe schlagend, aus der Kirche hinaus. Dabei hat er sich für immer seinen Daumen in der Domtür eingeklemmt.

Eine **bronzene „Wölfin"** (10. Jhd. n. Chr.) und ihr gegenüber die „Seele", den **Pinienzapfen** (2. Jhd. n. Chr.), sehen Sie im Domeingang, gleich hinter der Eingangstür. Sie heißt wegen dieser Sage die Wolfstür.

Betreten Sie den Dom durch eine der kleinen Holztüren rechts und links neben der Wolfstür. Diese wird nur an hohen Feiertagen und für Brautpaare geöffnet. Der Dom ist seit 1930 eine katholische Bischofskirche. Regelmäßig finden hier auch in der Woche Gottesdienste statt. Deshalb ist er samstags und sonntags erst ab Mittag zu besichtigen. Informationen zu Domführungen erhalten Sie in der Dominformation (vgl. S. 25).

Wölfin *Pinienzapfen*

Aachen entdecken – ein Stadtführer

Das Innere des Aachener Domes

Wenn Sie nun in den Dom hineingehen, betreten Sie den karolingischen **Zentralbau**. Von innen ist er viel dominanter, als es von außen scheint. Das *himmlische Jerusalem* hat Kaiser Karl hier zu Stein werden lassen. Die Grundform des Kernbaus ist ein oktogonaler Rundbau, der von einem Sechzehneck getragen wird. Der Tag des Jüngsten Gerichts sollte dargestellt werden. Der Tag, an dem Christus als Richter wiederkommt. Sehen Sie die 32 m hohe Kuppel an: Dort ist dieser richtende Christus dargestellt. Ihn verehren die 24 Ältesten. Das **Kuppelmosaik** von Jean Béthune (1880/81) lehnt sich an ein karolingisches Originalmotiv an.

Barbarossaleuchter

Seit der Dom zwischen 1880 und 1914 mit prachtvollen Mosaiken ausgestattet wurde, verstärkt sich der Eindruck dieser goldenen Stadt Gottes noch mehr. Die ausführenden Künstler waren zwischen 1901 und 1913 Hermann Schaper und Friedrich Schwarting.

Vom Oktogon herab schwebt der **Barbarossaleuchter**. Auch er nimmt das biblische Motiv des himmlischen Jerusalems auf. Der Leuchter ist eine Stiftung von Friedrich I. *Barbarossa* und seiner Gattin Beatrix. Er wurde 1165 anlässlich der Heiligsprechung Kaiser Karls in Auftrag gegeben und formt eine Stadt mit Türmen und Mauern. Geschaffen wurde er aus feuervergoldetem Kupfer. Seine etwa 26 m lange Kette ist noch original. Sie wird nach oben hin allmählich dicker. So entsteht der optische Eindruck, als sei sie immer gleich dick.

Das Oktogon war von Beginn an mit 32 antiken **Granitsäulen** aus Italien verziert. Leider sind nur noch 21 von ihnen Originale. Die anderen wurden zerstört, als die Franzosen sie als Beutegut nach Paris brachten. Vier stehen heute noch im Musée du Louvre. Die Gitter in den Nischen der Empore sind, wie die Eingangstür, aus einem Guss in Bronze gefertigt. Sie wurden ebenfalls vor Ort gegossen.

Geradeaus schauen Sie auf den **Hauptaltar**, der für einen Dom recht schlicht wirkt. Dennoch ist er von einem unschätzbaren Wert. Unter einer Platte aus karolingischer Zeit wird er von einer goldenen **Pala d'Oro** geschmückt. Sie ist eine Stiftung von Otto III. (980-1002) und über 1.000 Jahre alt.

Marienschrein

Dahinter sehen Sie den **Marienschrein**, der die berühmten Aachener Heiligtümer enthält (vgl. „ABC", S. 111). Der Marienschrein wurde 1239 fertig gestellt. Er besteht aus einem Holzkern, der mit feuervergoldeten Silberschmiedearbeiten und 1.000 Edelsteinen verziert ist. Seine Form gleicht einer einschiffigen Basilika mit einem Querschiff. Die Marienfigur in der Mitte des Schreins wird zum Öffnen abgenommen. Das Schloss darunter wird alle sieben Jahre zu Beginn der Heiligtumsfahrten aufgebrochen und anschließend in die Sammlung der Domschatzkammer aufgenommen (vgl. S. 26). Weitere Figuren am Schrein sind Apostel, Kaiser Karl und Papst Leo III.

Hinter dem Marienschrein steht der **Karlsschrein**. Er hat ebenfalls die Form einer einschiffigen Basilika. Friedrich II. (1194-1250), der Enkel Kaiser *Barbarossas*, hat ihn mit einem symbolischen Hammerschlag 1215 vollendet. Anschließend wurden Karls Gebeine feierlich im Schrein beigesetzt, wo sie bis heute ruhen. Der Karlsschrein steht unter dem Schlussstein der Apsis des Chores. Die Figuren an den Seiten stellen die Herrscher seit Kaiser Karl bis hin zu Friedrich II. dar. Außerdem finden Sie Abbildungen der Erzengel Gabriel und Michael, mit einer Marienfigur in ihrer Mitte. An der Seite zum Oktogon hin sitzt Kaiser Karl, ungewöhnlich groß. Ihm zur Seite stehen, viel kleiner, Bischof Turpin, Karls geistlicher Berater und Papst Leo III., der ihn 800 n. Chr. zum Kaiser gekrönt hat.

Das **Gnadenbild unserer lieben Frau** hängt im Oktogon rechts neben dem Altar. Es ist stets von vielen Kerzen umgeben. Die Madonna, deren Kopf und Hände noch aus dem 14. Jahrhundert stammen, wird die *reichste Frau von Aachen* genannt. Sie verfügt über eine umfangreiche Garderobe und wertvollen Schmuck, darunter die Krone der Margarete von York (vgl. S. 26).

Karlsschrein

Das Gnadenbild unserer lieben Frau

Ambo Heinrichs II.

Rechts hinter der Madonna, am Eingang zum Chor, hängt der **Ambo Heinrichs II.** Von dieser Kanzel aus wurde nicht gepredigt, sondern das Evangelium verkündet. Der Ambo ist eine Stiftung von Kaiser Heinrich II. (975-1024). Er wird auf 1002 datiert und enthält viele rätselhafte Kunstgegenstände, die römischen und orientalischen Ursprungs sind.

Die Apsis des Chores schmücken Apostelfiguren aus dem 15. Jahrhundert. Die Figur Kaiser Karls erkennen Sie am Dom, den er als Stifter in der Hand trägt. Die fragmentarisch erhaltenen Wandgemälde sind aus verschiedenen Jahrhunderten. Von der Decke schwebt eine **Strahlenkranzmadonna** von Jan van Stevenswert aus dem 16. Jahrhundert herunter.

Der **Chor des Aachener Domes** wird das *Glashaus* genannt. In der Tat könnte man ihn einen gläsernen Schrein für Kaiser Karl nennen. Sein Bau wurde 1355 begonnen. Am 28. Januar 1414, genau 600 Jahre nach Kaiser Karls Tod, konnte er eingeweiht werden. Die Fenster sind ungewöhnlich hoch. Allein die Verglasung misst 25,5 m in der Höhe. Sie ist zwischen 5,10 m und 1,95 m breit. Die heutigen Fenster stammen aus der Nachkriegszeit. Schon 1949 begannen die beiden Künstler Albert Wendling und Walter Benner mit ihrer Arbeit daran. Seit 1951 sind Wendlings Glasvorhänge in den Seiten fertig. Sie stellen das Licht dar, das vom Himmel fällt. Benner schuf die Fensterbilder in der Apsis. Sie zeigen die Geschichte der Welt: von ihrer Schöpfung bis hin zum Jüngsten Gericht.

Leider können Sie nur mit einem Domführer auf die Empore. Dort steht der berühmteste Thron Deutschlands: der sogenannte **Thron Kaiser Karls des Großen**. Ob er je als Herrscherthron gedient hat, kann man nicht mit Sicherheit sagen. Der Thron gibt den Wissenschaftlern einige Rätsel auf.

Da wäre zunächst sein ungewöhnliches Material. Er ist aus Marmor, aber der wiederum ist nicht sehr wertvoll. Außerdem war er schon mal in Gebrauch, was zahlreiche Grafitti aus der Römerzeit beweisen. Ein Mühlespiel ist deutlich an einer Seite zu erkennen. Der Marmor kam wahrscheinlich mit anderen Reliquiengeschenken aus Jerusalem. Sollte er aus der dortigen Grabeskirche stammen, steht er in enger Verbindung zu Jesus Christus. Im frühen Mittelalter wäre er als Berührungsreliquie eingestuft worden. Wir wissen, dass im Mittelalter Pilger unter dem Thron hindurchgekrochen sind. Der Nicasius-Altar hinter dem Thron weist außerdem auf Messfeiern hin.

Thron Kaiser Karls des Großen

Ob Kaiser Karl sich auf eine solche Reliquie gesetzt hätte? Wohl kaum.

Sicher ist, dass der Thron schon immer auf der Empore des Domes stand. Während der Königskrönungen wurde der König am Altar gekrönt, nahm aber anschließend das Reich in Besitz, indem er sich auf den Thron setzte – so lange, wie ein *Vaterunser* dauerte. Auch die Stufen, die zum Thron hinaufführen, stammen aus einer Plinthe, dem Fußteil einer antiken Säule.

Sicher wird das Rätsel um den Thron nie endgültig zu lösen sein. Aber eine logische Erklärung gibt es dennoch: Er könnte im Zusammenhang mit dem himmlischen Jerusalem als der leere Thron angesehen werden, der auf den wartet, der da einst wiederkomme, zu richten die Lebenden und die Toten.

Die **Orgel** auf der Empore geht auf die Mitte des 19. Jahrhunderts zurück und wurde 1939 von der Firma Klais umgebaut. Dieselbe Firma hat sie 1992/93 auf heute 89 Register erweitert.

Die Kapellen und der gotische Chor

Unser Weg führt Sie weiter um den Dom herum. Der karolingische Zentralbau erhielt 1414 mit dem Chor einen monumentalen Anbau, der ihn um seine gesamte Länge erweiterte. Außerdem ist er von außen mit einem dichten Kapellenkranz umgeben. Was Sie sonst in Kathedralen in den Seitenschiffen finden, musste in Aachen außen angebaut werden.

Wenn Sie den Dom verlassen, wenden Sie sich in Richtung der ersten

Stefan von Ungarn

Steinerner Weg

Anna- (links) und Matthiaskapelle (rechts)

Kapelle. Es ist die barocke **Ungarnkapelle**. Die Kapelle ist dem hl. Stefan von Ungarn geweiht und wurde 1767 fertig gestellt. Josef Moretti hat sie erbaut. Vorher war Johann Josef Couven mit dem Versuch gescheitert, auf den Fundamenten einer Vorgängerkapelle seinen Entwurf zu realisieren. Die Kapelle brach zusammen. Im Inneren ist die Barockkapelle dem stillen Gebet vorbehalten. Die schönen modernen Fenster (1993) sind von Maria Katzgrau.

In einer Nische neben der Ungarnkapelle steht ein **Bronzemodell** des Domes, das der Lions Club gestiftet hat. Hier ist es Blinden möglich, den Dom zu ertasten. Davor sehen Sie einen **steinernen Weg.** Er ist gegen das Vergessen und soll an Opfer der Immunschwäche AIDS erinnern.

Um die Kapelle herum finden Sie in einem kleinen Garten den ungarischen Nationalheiligen **König Stefan** oder István. Er hat vor 1.000 Jahren Ungarn christianisiert. Die bronzene Figur von Imre Varga trägt einen Mantel aus Edelstahl. Ungarn und Aachen sind seit Kaiser Karls Zeiten verbunden. Mindestens seit 650 Jahren nehmen die Ungarn regelmäßig an den Aachener Heiligtumsfahrten teil. Diese Tradition wurde wegen der eingeschränkten Reisefreiheit bis 1989 unterbrochen. Als die ersten freien Pilger 1993 wieder nach Aachen kommen durften, brachten sie die Statue als Erinnerung mit.

Hinter dem Heiligen haben Sie einen schönen Blick auf den karolingischen Zentralbau des Domes. Durch sein gefaltetes **Haubendach** aus dem 17. Jahrhundert wirkt er heute wesentlich höher als ursprünglich. Das Dach nennen die Aachener die *Zitronenpresse*. Die Giebel unter der Haube sind

Bronzemodell des Doms

schon zur Zeit der Staufer, im 12. Jahrhundert, für ein anderes Dach gebaut worden. Die Laterne hoch oben auf der Zitronenpresse ist aus Afzeliaholz. Das passt sich optisch dem Bleidach optimal an.

Gehen Sie wenige Schritte weiter zur **Annakapelle**. Sie wurde 1449 als Seiteneingang für den Dom erbaut. Heute wird sie als Sakristei genutzt. Ihr Figurenschmuck stammt aus dem 19. Jahrhundert. Er zeigt als zentrale Figur Anna selbdritt, die Tochter Maria und Enkelkind Jesus trägt. Anna ist umgeben von der heiligen Sippe, der biblischen Verwandtschaft. Der Stammbaum beginnt mit Adam und Eva.

Unmittelbar daneben steht die **Matthiaskapelle**. Sie wurde schon unmittelbar nach seiner Fertigstellung zwischen 1414 und 1420 als Sakristei an den Chor angebaut. In ihrem gemauerten Dachstuhl konnten relativ brandsicher wichtige Dokumente des Stifts verwahrt werden. An beiden Kapellen wurde der Figurenschmuck von Gottfried Götting im 19. Jahrhundert erneuert. Hier sind es die Apostel und Evangelisten. Die Fenster sind von Ludwig Schaffrath. Neben ihrer Funktion als Sakristei wurde die Matthiaskapelle während der Krönungen zum Einkleiden des Königs benutzt.

Groß und mächtig erhebt sich neben der Matthiaskapelle der **gotische Chor,** das Glashaus von Aachen. Die langen Fenster werden von relativ schmalen Pfeilern gehalten.

Ein Strebewerk, wie es in der Gotik aus statischen Gründen üblich war, fehlt vollständig. Es wurde im Inneren des Domes durch ein Ringankersystem ersetzt. Schauen Sie aufmerksam die Fenster an, dann sehen Sie weit oben stählerne Spannstangen zwischen den Pfeilern. Der Chor hat ein architektonisches Vorbild. Es ist die Sainte-Chapelle in Paris. Dort hatte Karl IV. einen Teil seiner Kindheit verbracht. Er gilt als Initiator für den Bau des Chorgebäudes. Die Pfeilerfiguren stellen den Hofstaat Mariens dar. Auch sie stammen von Gottfried Götting (1873). Zwei Apostelfiguren fehlen im Programm. Sie wurden während des Zweiten Weltkriegs abgeschossen. Das Fragment einer Figur steht am Boden zwischen zwei Pfeilern.

An der Chorwand lehnt ein **Grabstein** aus Blaustein. Darauf wurde *Carolo Magno* eingemeißelt. Das täuscht. Kaiser Karls Grab hat sich mit Sicherheit nie darunter befunden. Es war Otto III., der Jahrhunderte unter dem Stein geruht hatte. Dann kam Napoleon zu Besuch. Um dem Imperator ein Grab Kaiser Karls im Dom präsentieren zu können, haben die Franzosen den Stein kurzerhand umdeklariert und unter dem Barbarossaleuchter in den Boden eingelassen. Ottos Grab befindet sich heute zu Füßen des Karlsschreins. Er wurde 1002 im Aachener Dom beigesetzt, nachdem er erst 22-jährig in Rom gestorben war.

Über dem Stein hängt seit dem 15. Jahrhundert eine der ältesten **Sonnenuhren** im Rheinland.

Auf dem Chordach ließ Friedrich Ark 1860/61 ein **Kreuz** errichten. Über ein Lilienband führt es zu einem **Doppeladler**. Die Symbole sind mehrdeutig, denn die Lilie weist auf Maria als Patronin des Domes hin, wird in Kombination mit dem Adler aber auch als Zeichen für Kaiser Karl gedeutet. Der Doppeladler fungierte sowohl bei den Habsburgern wie auch bei den Hohenzollern als Herrschaftszeichen. Aachen war im 19. Jahrhundert preußisch, aber Habsburger wurden hier gekrönt.

Folgen Sie dem Weg weiter um den Chor herum. Sie kommen nun auf die Katschhofseite. Dort laufen Sie direkt auf eine weitere Kapelle zu. Es ist die **Hubertuskapelle** (1455-1475). Die Eingangstür heißt Krämertür, weil sie vorwiegend von den Händlern der Krämerstraße benutzt wurde. Darüber hängen die Figuren von Hubertus, Maria und Kaiser Karl. Sie wurden auf der Expo 2000 in Hannover mit einem neuen Laserverfahren gereinigt. Die Hubertuskapelle ist eine Doppelkapelle. Die erste Etage ist die **Karlskapelle**. Dort soll der zu krönende König die Nacht vor der Krönung verbracht haben.

Gargol

An der Ecke zum Katschhof hängt die moderne Version eines **Gargols** (1991). Er ist ein Fabelwesen, wie sie in der Gotik häufig auch als Wasserspeier benutzt wurden. Dieser lehnt sich an moderne Science-Fiction-Comics an. Er verdeckt die Montageplatte einer Spannstange der Kapelle. Der Entwurf stammt von Tim Bredohl. Auf der anderen Seite finden Sie eine zweite Fratze.

An der Längswand zum Katschhof steht die **Nikolauskapelle**. Sie stammt zwar aus dem 15. Jahrhundert, hat aber zum Katschhof hin ein neogotisches Fenster. Die Verglasung stammt aus der Zeit nach dem Zweiten Weltkrieg. Der Adler im Fenster soll auf Aachen als Krönungsort hinweisen. Die Kapelle wird während der Woche für die Gottesdienste im Dom genutzt.

Die Verbindung zwischen Dom und Domsingschule ist die Rückwand eines Kreuzgangs, den Sie nur über den Eingang zur Domschatzkammer erreichen.

Über den Katschhof kommen Sie rechts am Rathaus vorbei wieder zum Markt zurück.

2. Rundgang

Die Aachener Altstadt

Aachen entdecken – ein Stadtführer

Die Aachener Altstadt besticht mit ihrem Flair, ihrer Gemüt-
lichkeit und natürlich ihrem Stadtschmuck. Rund um den
Dom und das Rathaus kann man viele schöne Ecken entdecken, manche Überraschung erleben und Aachen zwischen
gestern und heute kennen lernen.

1. Der Marktplatz

Marktplatz

Wir beginnen unseren Rundgang am Aachener Marktplatz.
Dienstags und donnerstags finden hier die Wochenmärkte
mit einem reichen Angebot an frischen Lebensmitteln aus
dem Aachener Dreiländereck statt. Während des Weih-
nachtsmarktes verwandelt er sich in eine Budenstadt. Außerdem wird er im Laufe des Jahres für Open-Air-Veranstaltungen genutzt. Während der Sommermonate ist der Markt das
größte Außencafé der Stadt.

Dem Bürger zugewandt, das Rathaus im Rücken, begrüßt
Kaiser Karl der Große die Menschen auf dem Markt.
Der Gründer des modernen Aachens steht mit Zepter
und Reichsapfel in den Händen auf dem ältesten Brunnen
Aachens, dem **Karlsbrunnen**. Die Figur und die bronzene
Schale wurden 1620 gegossen, die Brunnenschüssel von den
Aachener Handwerkern Franz und Peter von Trier, die Figur
von unbekannten Künstlern im südbelgischen Dinant.

Den Brunnenrand mit seinen fröhlich plätschernden Fischen erneuerte der Aachener Barockbaumeister Johann Josef Couven 1735-38. Kaiser Karls bronzene Statue ist eine Kopie, das Original steht im Krönungssaal des benachbarten Rathauses. Die Aachener nennen den Brunnen wegen seiner grün angelaufenen Schale augenzwinkernd doppeldeutig *Eäzekomp*, was *Erbsensuppenschüssel* oder *Erzschale* bedeuten kann.

Haus Löwenstein

Kaiser Karl schaut auf **Haus Löwenstein**, das schönste mittelalterliche Aachener Stadthaus. Es ist auch das älteste private Steinhaus Aachens. Gebaut wurde es um 1344, zur selben Zeit wie das Aachener Rathaus, für die damals sehr vermögende Schöffenfamilie Lewe. Ida von Löwenstein gilt als erste dokumentierte Besitzerin. Die Keller sind sogar noch mehr als 100 Jahre älter, sie stammen aus der Zeit der Staufer. Die Fassade ist mit zahlreichen gemalten Wappen geschmückt. Sie beziehen sich auf ehemals unabhängige Gemeinden, die im Zuge der Kommunalreform von 1972 in die Stadt Aachen eingemeindet wurden. Am Turm erkennt man den Burtscheider Schwan. Der Stadtteil Burtscheid, bis heute das Kurgebiet Aachens, gehört schon seit 1897 zu Aachen. Deshalb hat sein Wappen eine so exponierte Stellung.

Seit 1969 ist das Haus im Besitz der Stadt. Es ist ein Bürogebäude der Stadtverwaltung. Den Sitzungssaal nutzt der Stadtrat für Ausschusssitzungen.

Heiliger Nepomuk

Die bronzene Figur an der Hausecke stellt den **hl. Nepomuk** (1747) dar. Er wird als Brückenheiliger verehrt. Die Statue bezieht sich auf den Namen der angrenzenden Pontstraße. Der Straßenname soll von *Pons* für *Brücke* stammen. Dort stand einst eine Brücke in einer Senke. Sie führte über den Johannisbach. Eine andere Erklärung für den Namen wäre der Familienname des Bürgermeisters van Punt. Er war mitverantwortlich für den Bau des Aachener Rathauses und wohnte in der heutigen Pontstraße.

Das Eckhaus auf der gegenüberliegenden Seite ist die **Karlsapotheke**, Aachens älteste Apotheke. Das Haus mit seinen flachen Bögen über den Fenstern und dem Keilstein in der Mitte wurde aus dem für die Region typischen Materialmix von Backstein und Blaustein erbaut. Seinen Architekturstil nennt man *Couven-Stil* (vgl. „ABC", S. 109). Er geht auf den bekannten Aachener Baumeister des 18. Jahrhunderts zurück. Die Apotheke wurde schon 1615 von Peter Gersthoven betrieben.

Rechts neben ihrem Eingang hängt das sogenannte **Siegel Karls des Großen**. Es ist die eiserne Abbildung seines Monogramms. Mit dieser Unterschrift wurden die offiziellen Dokumente und Dekrete Kaiser Karls unterzeichnet. Mittelalterliche Herrscher bedienten sich bis ins 13. Jahrhundert hinein dieser Art der Unterschrift. Hier bilden die Vokale A O U die Mitte. Die Konsonanten K R L S sind in Kreuzform darum herumgruppiert. Zusammengesetzt ergeben die Buchstaben die lateinische Form von Karl, nämlich K A R O L U S. Immerhin ist das Monogramm 1.200 Jahre alt, doch die Buchstaben benutzen wir noch heute. Die Schrift heißt *karolingische Minuskel* und wurde zu Kaiser Karls Zeiten als allgemein gültige Einheitsschrift entwickelt. So konnte

karlsmonogramm

selbst die Bibel durch Alkuin von York (um 730-804), den Leiter der Aachener Hofschule, in eine für alle lesbare Form gebracht werden. Karl der Große beherrschte das Schreiben, wie viele seiner Zeitgenossen, nur mäßig. Deshalb wurde das Monogramm vorgefertigt und vom Herrscher persönlich durch den sogenannten *goldenen Strich* vervollständigt. Er ist hier golden markiert.

Links neben Haus Löwenstein befindet sich ein moderner Anbau aus den 60er Jahren des 20. Jahrhunderts. Das ehemalige **Haus zum Wolf** wurde, mit modernen Stilmitteln an die mittelalterliche Architektur angelehnt, nach dem Zweiten Weltkrieg wieder aufgebaut.

Die beiden Traditionshäuser zum **Goldenen Schwan** und zum **Goldenen Einhorn** sind alteingesessene Aachener Gastronomiebetriebe. Der Schwan war eine mittelalterliche Herberge, dessen Gelände bis zum heutigen Kaiser-Karls-Gymnasium am Annuntiatenbach reichte. Dort war die dazugehörende Pferdewechselstelle.

Gehen Sie weiter über den Platz in Richtung Rathaus. Vor der Rathaustreppe ist ein auffällig schwarzer Stein in den

Boden eingelassen. Der **„arme Sünder Stein"** oder das „Schildchen" erinnert an die Zeit, als die Delinquenten, in Ketten gelegt, vor der Rathaustreppe mit hängenden Köpfen ihre Gerichtsurteile verkündet bekamen. Der Treppenaufgang war zu dieser Zeit nur einseitig und hatte elf Stufen. Deshalb macht jemand, der ein langes Gesicht zieht, im Aachener Dialekt ein *Elf-Trappe-Jeseech* (Elf-Stufen-Gesicht).

Neben dem Eingang zum Restaurant steht seit 2012 ein Bronzemodell des Aachener Rathauses des Bildhauers Michael Franke. Es verschafft Sehbehinderten die Möglichkeit, das Haus zu „begreifen". Der Lions-Club Aachen-Kaiserpfalz hat das Modell gestiftet.

Dahinter können Sie dem Haus durch ein archäologisches Fenster bis auf seine karolingischen Grundmauern blicken.

Das Eckhaus heißt **Postwagen** und ist seit 1902 eine urige Aachener Kneipe. Das kleine Holzhaus erinnert an eine Postkutsche. Deshalb wurde die Gaststätte der *Postwagen* getauft. Es ist das einzige historische Holzhaus in Aachen, da nach dem großen Stadtbrand von 1656 (vlg. „ABC", S. 118) keine Holzhäuser mehr gebaut werden durften. Der *Postwagen* und sein steinernes Nachbarhaus sind alte

Postwagen

Schild des Postwaagens

Aachener Stadthäuser mit einer langen Geschichte. Bis zum Ende des 19. Jahrhunderts waren beide Häuser Geschäftshäuser. Herunterhängende Fensterläden erinnern daran, dass man hier in einen *Laden* ging. Das Holzhaus wurde von Familie Freialdenhoven nicht nur bewohnt: Der Mann betrieb einen Buchhandel, seine Ehefrau einen Kurzwarenladen. Dabei fehlte es dem Familienvater an einer Grundvoraussetzung für seinen Beruf: er konnte nicht lesen. Findig wog er die Bücher aus und verkaufte sie nach Gewicht. Von Zeit zu Zeit stand er außerdem vor seinem Geschäft auf der Krämerstraße und „las" den Passanten aus den Büchern vor. Meist erzählte er Eulenspiegel-Geschichten. Dass seine „Vorleserei" auch eine „Eulenspiegelei" war, das erkannten die Käufer, wenn sie die Geschichten vergeblich in den gekauften Büchern suchten. So bekam das Haus den Namen *Eulenspiegelhaus*. Eine spätere Mieterin nahm den Spitznamen kurzerhand mit, als sie auf die gegenüberliegende Straßenseite zog. Seitdem findet man am Teehaus nicht nur den Schriftzug **Haus Eulenspiegel**, sondern auch die Eulen auf den Spiegeln an der rechten und linken Hausmauer. Das Haus gegenüber hieß übrigens zunächst *Zum Weinfass*. Auch dieses Häuserzeichen ist erhalten geblieben. Es befindet sich unter der Laterne.

Aachen entdecken – ein Stadtführer

Granusturm

Hühnerdieb

Neben dem traditionellen Steinhaus des *Postwagens* steht der **Granusturm**.

Er ist einer der beiden Rathaustürme (vgl. S. 14/15).

Das Kreuz am Turm stammt von 1754. Gegenüber vom Granusturm kommen Sie auf den Hühnermarkt.

Am benachbarten Standesamt hängt seit August 2010 die Farbleiter von Peter Lacroix (1973) in Rot und Grün.

2. Hühnermarkt

Der Hühnermarkt wird durch eine lustige Brunnenfigur gekennzeichnet, den **Hühnerdieb**. Der arme Pechvogel hat nicht nur ein Huhn gestohlen, sondern auch einen Hahn, der ihn durch heftiges Krähen verrät. Freud und Leid liegen hier dicht beieinander. Die von Hermann Joachim Pagels 1913 geschaffene Figur wurde vom Aachener Bürgermeister Veltmann in Köpenick entdeckt. Der heutige Hühnerdieb ist ein zweiter Abguss aus den 50er Jahren des 20. Jahrhunderts. Damals stifteten Bürger und Unternehmer, aber auch die Aachener Karnevalisten das Geld für den Hühnerdiebbrunnen. Der Kranz mit den Küken ist noch original erhalten.

Das Eckhaus links neben dem Hühnerdiebbrunnen ist das **Couven-Museum**.

Es wurde von Johann Jakob Couven, dem Sohn von Johann Josef Couven,

Couvenmuseum

für die Apothekerfamilie Mohnheim 1786 auf dem Gelände der ehemaligen Stadtwaage errichtet. Die Initialen A M findet man im Originalgitter über der Eingangstür. Andreas Monheim war der letzte Aachener Bürgermeister vor der französischen Besatzung.

Im Inneren dieser guten Stube Aachens können sich die Besucher ein Bild von der Lebensart der Menschen in der Zeit des Biedermeier machen. Neben einigen originalen Möbeln aus der Couven-Zeit gibt es eine Küche und die rekonstruierte Adler-Apotheke zu sehen. Das Haus bietet regelmäßige Wechselausstellungen rund um das Leben und Wohnen an.

Die Apotheke der Familie Monheim wurde zum Stammhaus einer bis heute in Aachen ansässigen Industrie. Leonhard Monheim brachte in den 1850er Jahren von einer Bildungs-reise eine neue Medizin mit nach Aachen: er kannte das Geheimnis zur Herstellung von Tafelschokolade. Schon 1857 wurde das Haus am Hühnermarkt zum Firmensitz des neu gegründeten Schokoladenherstellers Trumpf.

Gehen Sie zurück in Richtung Granusturm und folgen Sie am Standesamt vorbei links der Krämerstraße.

Sie ist Aachens älteste Geschäftsstraße und hat bis heute eine verführerische Auswahl von kleinen, aber feinen Geschäften.

3. Der Puppenbrunnen

Nach etwa 100 m öffnet sich die Krämerstraße zu einem kleinen Platz. Darauf findet man den beliebtesten Brunnen aller großen und kleinen Aachener: den **Puppenbrunnen**. Hier können die Passanten ihrem Spieltrieb freien Lauf lassen, denn die Figuren sind alle beweglich. Den Brunnen fertigte 1974 der Aachener Künstler Bonifatius Stirnberg. Die Puppen erzählen jede ein wenig über die Stadt. So symbolisiert die Marktfrau den Handel, steht aber gleichzeitig für Münz- und Marktrecht, das Aachen 1166 zusammen mit dem Stadtrecht von Kaiser Friedrich I. Barbarossa erhalten hat. Der Domherr nebenan repräsentiert die Kirche und natürlich Aachens Wahrzeichen, den Dom. Ihm zur Seite finden Sie die Modepuppe, deren Rüschenkleid an die älteste Aachener Industrie, die Textilindustrie, erinnert. Daneben ein Professor, der für die Hochschulstadt Aachen (vgl. „ABC", S. 117/118) steht. Der Harlekin repräsentiert das kulturelle Leben in der Stadt mit Theatern, Museen und vielen Straßenfesten. Die Masken erinnern daran, dass Aachen der westlichste Zipfel des Rheinlandes und damit eine Karnevalshochburg ist. Schließlich verleihen die Aachener Karnevalisten alljährlich die bekannteste deutsche Auszeichnung für Humor im Amt: den *Orden wider den tierischen Ernst* (vgl. „ABC", S. 115/116). Der Schlachtruf ist übrigens: Oche alaaf! Über den Masken freut sich ein lachendes Pferd auf den nächsten CHIO, das Aachener Reitturnier (vgl. „ABC", S. 109). Der

Puppenbrunnen

Reiter soll an das 19. Jahrhundert erinnern. In der Zeit nach 1815 wurde Aachen preußisch regiert. Er trägt jedoch einen römischen Helm. Die Römer haben als Erste im Aachener Tal eine kleine Stadt (vgl. S. 53 unten und S. 61) errichtet. Hoch oben von der Brunnenspitze herunter kräht laut der Hahn. Für französische Gäste erinnert er als gallischer Hahn an die napoleonische Besatzung, für den Aachener repräsentiert er den schlauen und aufgeweckten Aachener Bürger.

4. Der Hof

Gehen Sie vom Puppenbrunnnen aus auf den benachbarten Platz, den **Hof**.

Hier stand aller Wahrscheinlichkeit nach schon vor 1.200 Jahren, zur Zeit Kaiser Karls des Großen, der Wohnbereich der Pfalzanlage, der sogenannte **Vicus**. Später diente der Platz als Eier- und Buttermarkt, als Markt für Geschirr und als Tuchbleiche. Auf dem Hof ist an warmen Tagen immer großer Andrang. Windgeschützt und von der Mittagssonne verwöhnt, genießen die Aachener hier schon im

Portikus

März die ersten Sonnenstrahlen. Den Platz dominieren römische Arkaden, der **Portikus**. Die Reste dieses römischen Bauwerks, vielleicht eine Art Markthalle, aus dem ausgehenden zweiten Jahrhundert nach Christus wurden Anfang der 70er Jahre des 20. Jahrhunderts vor Ort bei Bauarbeiten gefunden. Sie erinnern an das Forum des römischen Aachens, an dieser Stelle. Leider sehen Sie nur eine Kopie, die Originalsteine befinden sich im Rheinischen Landesmuseum in Bonn. Es wurden im Rheinland keine weiteren vergleichbaren Arkaden gefunden. Der Hof wird gerne als die Keimzelle Aachens beschrieben, denn hier lassen sich seit der Zeit rund um Christi Geburt Gebäude nachweisen. Das weiße neoklassizistische Bauwerk an der Seite des Portikus ist das **Quirinusbad**. Es wurde 1824 von Adam Franz Friedrich Leydel über der Quirinusquelle errichtet. Darunter fanden sich Reste der ersten Römertherme und Fragmente einer Statue, die auf eine Heil- und Wassergottheit schließen lassen.

Aus dem römischen Namen *Aquis Granni* kann man auf die Verehrung des keltischen Heil- und Wassergottes Grannus schließen.

Das Gebäude hinter dem Portikus ist das **Kaiserbad**. Darunter entspringt die Kaiserquelle, deren offenen Trinkbrunnen Sie später am Elisenbrunnen sehen werden. Das Kaiserbad wurde vom Architektenduo Ernst Kasper und Klaus Klever 1994 als moderner Büro- und Gastronomiekomplex errichtet. Glaubt man Karls erstem Biografen Einhard (um 770-840), so soll Kaiser Karl hier mit 100 Personen gleichzeitig gebadet haben. Die heißen Quellen linderten seine Gicht und seinen Rheumatismus.

Die Platzarchitektur hat eine Mulde entstehen lassen. Sie wird im Sommer für Open-Air-Veranstaltungen genutzt.

Interessant sind auch die drei **Altstadthäuser** am Ende des Platzes. Das Gebäude an der Ecke zur Körbergasse, über die Sie den Platz verlassen, heißt heute *Domkeller*. Es wurde als eines der ersten neuen Häuser 1658 nach dem großen Stadtbrand im typischen regionalen Materialstil errichtet. Der *Domkeller* hat noch Kreuzstockfenster, während das Nachbarhaus rechts etwa 120 Jahre später im sogenannten **Couven-Stil** errichtet wurde. Das letzte Haus ist eine Kulisse. Die klassizistische Fassade wurde nach dem Zweiten Weltkrieg in der Altstadt vor einem Neubau wieder aufgebaut. So rettete man historische Fassaden, die an anderer Stelle der Stadt einem modernen Neubau im Wege waren.

Gehen Sie nun durch die Körbergasse weiter. Das Kaffeegeschäft *Plum's Kaffee* gehört Deutschlands ältester Kaffeerösterei. Schon seit 1820 werden hier Kaffeebohnen veredelt.

5. Die Körbergasse

Die **Körbergasse** erinnert an das mittelalterliche Aachen. In der engen Gasse verdienten im 19. Jahrhundert noch sechs Korbmacher ihr Geld. Damals lag der Jahresumsatz für Körbe bei etwa 30.000 Stück. Dann erfand der Mensch das Plastik.

Printenmädchen

Immerhin, ein Geschäft trotzt mit seinem Angebot an handgemachten Bürsten, Staubwedeln und natürlich Körben der modernen Plastikkultur. Am Ende der Körbergasse steht rechts das **Printenmädchen**. Die Kleine trägt einen überdimensionalen Printenmann (vgl. „ABC", S. 116), der fast genauso groß ist, wie sie selbst. Vater der kleinen Göre von 1984 ist der Bildhauer Hubert Löneke. Gestiftet wurde sie vom damaligen Besitzer der *Alt Aachener Kaffeestuben*, Leo van den Daele. Das Kaffeehaus, dessen Eingang sich um die Ecke am Büchel befindet, ist ein uriges, verwinkeltes Lokal. Es erstreckt sich über drei Altstadthäuser. Das älteste steht in der Körbergasse und stammt noch aus dem 17. Jahrhundert. Im Inneren ist das Haus im barocken Aachener Couven-Stil eingerichtet, zum Teil sogar mit Originalmobiliar aus dem 18. Jahrhundert. Außerdem besitzt das Café eine umfangreiche Sammlung von Printenformen.

Gehen Sie am Printenmädchen rechts weiter, den Büchel hinunter. Nach 40 m können Sie auf dem nächsten Platz ein Ungeheuer auf einem Baumstumpf sitzen sehen.

6. Bahkauvbrunnen

Es ist das **Bahkauv**, ein Fabelwesen, mit dem schon Kaiser Karls Vater, Pippin der Kurze (714-768), einen Kampf ausgefochten haben soll. Die moderne Bronzeskulptur ist eine Brunnenfigur, die Wolf von Borries 1967 geschaffen hat. Ein Vorgängerbrunnen wurde während des Krieges zerstört. Der Name *Bahkauw* bedeutet *Bachkalb*. Solche Bachkälber sind in der Legende als Quellungeheuer bekannt. Die moderne Version erinnert an einen Drachen mit einem Raubtierschädel. Der Aachener Quellenwächter wurde früher mit einem Rinderkopf dargestellt. Die Version erinnerte an frühe Darstellungen des Gottes Grannus. Das *Bahkauw* bewacht die Kaiserquelle am Büchel, die unter dem von hier aus dreieckigen Kaiserbadgebäude entspringt. Späte Zecher sollten sich vor dem Bahkauv in Acht nehmen. Es springt angetrunkenen Männern gerne in den Nacken. Dort bleibt es so lange sitzen, bis sie schwören, nie wieder Alkohol zu trinken. Beten hilft übrigens nicht weiter, denn das Bahkauv ist ein heidnisches Fabeltier. Frauen mit dem Untier im Nacken sind bisher nie gesehen worden.

Bahkauw

Folgen Sie nun geradeaus der Buchkremerstraße. Links erreichen Sie die Mayersche Buchhandlung. Unter ihrem Fun-
dament wurde 2001 ein **römisches Badebecken** von fast
75 qm gefunden. Es stammt aus dem ersten Jahrhundert. Fragmentarische Reste sind seit dem Sommer 2010 rechts neben
dem Eingang in einem archäologischen Fenster zu sehen.

Gegenüber der Mayerschen steht auf dem kleinen Platz ein
Spielschiff für die kleinen Aachener. Es heißt *Oche*, so nennen
die Aachener ihre Stadt im heimischen Dialekt, dem Öcher
Platt. Das Schiff wurde 1979 von Bonifatius Stirnberg geschaffen. Gehen Sie weiter links die Ursulinerstraße hinunter.

7. Holzgraben

Am Ende der Straße, bevor Sie den folgenden Platz betreten,
können Sie eine Aufpflasterung erkennen. Die groben Steine
sollen die Stelle markieren, an der einst die erste Aachener
Stadtmauer, die **Barbarossamauer**, errichtet wurde (vgl.
„ABC", S. 108).

Sie sind nun am Grabenring angekommen. Dieser inner-
städtische Straßenring folgt im Wesentlichen dem historischen Verlauf der Barbarossamauer. Die meisten Straßennamen des Ringes enden auf *Graben*. Das erinnert an die
Gräben, mit denen die Mauer umgeben war. Sie befinden
sich nun am Holzgraben. Der Platz wurde Mitte der 90er
Jahre des 20. Jahrhunderts komplett saniert, die Gebäude
zum Teil neu erbaut.

Eines davon ist der Glaskubus. Rechts daneben stehen drei fröhlich winkende Aachener Kinder aus Bronze von Hubert Löneke
(1970). Die Kinder zeigen den Aachener Gruß, den **Klenkes**.
Am hochgestreckten kleinen Finger erkennen sich die Aachener. Der Gruß war einst das Erkennungszeichen der Aachener
Nadelarbeiterkinder. Mit dem kleinen Finger „klinkten" die
Kontrolleure in den Nadelfabriken unregelmäßige Nadeln aus.
Der Gruß ist eine Erinnerung an die Aachener Nadelindustrie,
die neben dem Tuchmacherhandwerk jahrhundertelang eine
wichtige Grundlage für die Wirtschaft der Stadt war. Noch
Anfang des 20. Jahrhunderts war die Stadt Aachen einer der
größten Nadelproduzenten weltweit. Inzwischen ist die Produk-
tion in Billiglohnländer abgewandert.

Gegenüber beginnt die Adalbertstraße, Aachens größte Einkaufsstraße (vgl. „Gucken und Shoppen", S. 84 ff.).

8. Friedrich-Wilhelm-Platz

Gehen Sie rechts weiter in Richtung der bizarren Bushaltestelle. Sie wird im Aachener Volksmund die **Wartekralle** oder **Öcher Frittenzang**, was **Frittenzange** bedeutet, genannt. Peter Eisenman, der durch das Holocaust-Mahnmal in Berlin deutschlandweit bekannt wurde, hat sie 1998 für Aachen entworfen. Rechts neben der Bushaltestelle steht ein modernes Bankgebäude mit einer ungewöhnlichen **Glasfassade**. Sie stammt von Max Kratz (1968) und stellt eine in große Teile zerlegte Weltkugel dar.

Sie befinden sich nun auf dem **Friedrich-Wilhelm-Platz**, was aber selbst die Aachener nicht unbedingt wissen. Der Platz wird allgemein nur *am Elisenbrunnen* genannt. Zum Friedrich-Wilhelm-Platz wurde der ehemalige *Foggengraben* (Froschgraben) erst nach 1818. Damals hatten sich der preußische König Friedrich Wilhelm III. (1770-1840), Zar Alexander I. (1777-1825) und Kaiser Franz I. von Österreich (1768-1835) in Aachen zum Monarchenkongress getroffen. Dort, wo die hohen Besucher Quartier genommen hatten, wurden die Straßen später nach ihnen umbenannt. Friedrich Wilhelm III. beteiligte sich wenige Jahre später an den Baukosten für das markanteste Gebäude am Platz,

Elisenbrunnen

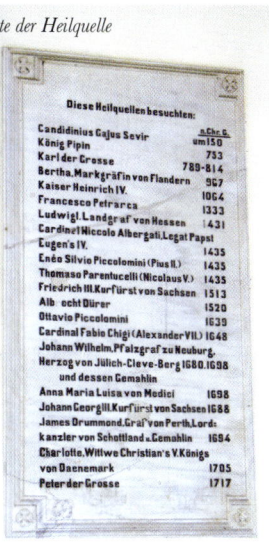

'ste der Heilquelle

Diese Heilquellen besuchten:

	n.Chr.G.
Candidinius Cajus Sevir	um 150
König Pipin	753
Karl der Grosse	789-814
Bertha, Markgräfin von Flandern	967
Kaiser Heinrich IV.	1064
Francesco Petrarca	1333
Ludwig I. Landgraf von Hessen	1431
Cardinel Niccolo Albergati, Legat Papst	
Eugen's IV.	1435
Enéo Silvio Piccolomini (Pius II.)	1435
Thomaso Parentucelli (Nicolaus V.)	1435
Friedrich III. Kurfürst von Sachsen	1513
Alb. echt Dürer	1520
Ottavio Piccolomini	1639
Cardinal Fabio Chigi (Alexander VII.)	1648
Johann Wilhelm, Pfalzgraf zu Neuburg,	
Herzog von Jülich-Cleve-Berg.1680.1698	
und dessen Gemahlin	
Anna Maria Luisa von Medici	1698
Johann Georg III. Kurfürst von Sachsen 1688	
James Drummond, Graf von Perth, Lord-	
kanzler von Schottland u. Gemahlin	1694
Charlotte, Wittwe Christian's V. Königs	
von Daenemark	1705
Peter der Grosse	1717

den **Elisenbrunnen**. Er wurde nach den Plänen von Johann Peter Cremer und einer Überarbeitung durch Karl Friedrich Schinkel zwischen 1824 (Grundsteinlegung 1822) und 1827 als Trinkbrunnen für die damals mondäne Kur- und Badestadt Aachen erbaut. Das Gebäude ist etwa 120 m lang. Auf der mit dorischen Säulen geschmückten Rotunde steht ein goldener Pinienzapfen als Zeichen der Fruchtbarkeit. Das Aachener Wasser wurde auch als wirkungsvolles Heilmittel bei Frauenleiden aller Art eingesetzt. Die Namenspatronin für den Elisenbrunnen ist die damalige preußische Kronprinzessin Elisabeth von Bayern (1801-1873). Ihre Büste finden Sie in der Rotunde. Christian Friedrich Tieck hat sie 1828 aus Marmor geschaffen. Das Original befindet sich im Museum. Im Brunnen hängt schon seit 1880 eine Kopie aus Gips.

Das Wasser der **Kaiserquelle** sprudelt in zwei schwarze Becken aus Granit. Obwohl es seit Jahrhunderten als Heilwasser genutzt wird und immer auch getrunken wurde, stehen die Aachener vor einem Dilemma: Das Wasser entspricht nicht der Trinkwasserverordnung der Europäischen Union. Also kein Trinkwasser! Aber eines der besten Naturheilwässer Deutschlands und apothekenpflichtig! Ihre Hand können Sie gefahrlos unter den Wasserstrahl halten. Dann werden Sie feststellen, dass es keine Übertreibung ist, wenn man in Aachen von den heißesten Quellen Westeuropas spricht (vgl. „ABC", S. 116/117). Die Kaiserquelle hat immerhin 52,8° C am Quellpunkt. Aachens heißeste Quelle befindet sich nicht in der Innenstadt, sondern im Ortsteil Burtscheid. Die sogenannte *Kochquelle* hat fast 74° C. Dennoch, an die Heilkraft des Wassers glaubte man schon zur Römerzeit. Bis heute sind zahlreiche Prominente nach Aachen zur Kur gekommen. Dazu braucht man nur die Namen auf den Marmortafeln rechts und links neben der Rotunde zu lesen.

Die **kleinen Springbrunnen** auf dem Platz erinnern an den Quellenzug, der die Innenstadt durchquert. Es sind echte Stressfaktoren für die Mütter von Kleinkindern. Nasse Füße sind keine Seltenheit. Von den Stadttauben werden sie gerne als Dusche benutzt.

Im linken Seitentrakt des Elisenbrunnens finden Sie das Informationsbüro des „aachen tourist service e. v.".

9. Elisabethhalle

Wenn Sie am Informationsbüro vorbei die Hartmannstraße überqueren, kommen Sie zur Elisabethstraße. Sie ist nach der hl. Elisabeth von Thüringen benannt. Nach 30 m finden Sie rechts die einzige Schwimmhalle in der Aachener Altstadt. Die **Elisabethhalle** ist von außen recht schlicht gehalten. Im Inneren ist sie ein architektonisches Kleinod. Sie ist eine der wenigen erhaltenen Jugendstilhallen in Deutschland. Nach Plänen des Aachener Architekten Josef Laurent wurde sie zwischen 1908 und 1911 erbaut. Sie hat zwei Schwimmbecken, weil damals noch streng nach Geschlechtern getrennt gebadet wurde. Im Eingang empfängt den Besucher ein imposanter Äskulapbrunnen. Das große Hauptschwimmbecken im ehemaligen Männerbad wird von einem Neptunbrunnen des Bildhauers Carl Burger geschmückt.

10. Elisengarten

Kehren Sie bitte um und gehen Sie die Straße zurück zum Elisengarten.

Wenn Sie auf einen Umweg zur Elisabethstraße verzichten möchten, dann verlassen Sie den Elisenbrunnen durch eine seiner Glastüren. Über die Stege der 2009 angelegten Wasserbecken kommen Sie in den **Elisengarten**. Ein kleiner Park wurde schon gleich nach Errichtung des Elisenbrunnens von Peter Josef Lenné angelegt. Seitdem hat er sich jedoch stark verändert und ist inzwischen doppelt so groß. Die Anlage wurde 2009 vom Berliner Büro Lützow 7 völlig neu geplant.

Elisengarten

Ab Herbst 2012 kommt die **archäologische Vitrine** nach einem Entwurf der Aachener Architekten „kadawittfeldarchitektur" hinzu. In der Vitrine können Sie Aachener Frühgeschichte entdecken. Die Funde wurden während archäologischer Ausgrabungen im Winter 2008/09 gemacht. Von einem steinzeitlichen Schlagplatz aus der Zeit um 3.000 vor Christus, bis zum 15. Jahrhundert finden sich hier Fundamente von Aachens Vergangenheit.

Mit dem Feuersteinbergbau am Lousberg beginnt die Aachener Stadtgeschichte. Die Weiterverarbeitung des Steins fand auch auf dem Gebiet des heutigen Elisengartens statt. Gefunden wurden außerdem fragmentarische Hinweise auf die Kelten. Die Römer gründeten zu Beginn unserer Zeitrechnung in der Nähe der heißen Quellen eine Kleinstadt von etwa 20 Hektar. Im Elisengarten gibt es Hinweise auf eine Art Herberge. Bekannt ist, dass schon damals Menschen von weither kamen, um im Aachener Wasser zu baden.

Weitere Funde stammen aus der Zeit der Karolinger, als Kaiser Karl Aachen mit dem Bau seiner Pfalzanlage völlig neu gründete. Außerdem legten die Wissenschaftler die Fundamente einer Klosteranlage frei. Das Kloster gehörte zur Abtei Stavelot-Malmedy. Zufällig tauchten zeitgleich beim Neubau

Aachen entdecken – ein Stadtführer

eines Geschäftshauses in der angrenzenden Ursulinerstraße römische Mauerreste auf. Sie sind dort im Boden eines Drogeriemarktes zu sehen. Daher kann jetzt bewiesen werden, dass die Ursulinerstraße schon zur Römerzeit angelegt worden ist.

Gehen Sie weiter in Richtung Aachener Dom. An der Ecke zum Münsterplatz sehen Sie einen originellen, rund gebauten Brunnen. Es ist der **Kreislauf des Geldes**, von Karl Henning Seemann (1976). Die Idee des Brunnens war, positives Geldverhalten darzustellen. Schaut man sich die bronzenen Akteure rund um den Brunnen an, kann man problemlos auch Attribute wie Geiz, Gier, Gönnerhaftigkeit, schwarze Geschäfte und Bettelei ausmachen. Dem gegenüber stehen zwei weitere Figuren: ein Vater, der seiner kleinen Tochter etwas Geld abzählt. Er erteilt ihr dabei wohl ein paar gut gemeinte Ratschläge, denn die Kleine lauscht gebannt seinen Erklärungen. Das Wasser deutet den Kreislauf des Geldes an. Dieser Brunnen wird neben den Wasserläufen im Elisengarten auch im Winter betrieben. Er kann mit Aachener Kaiserbrunnenwasser beheizt werden. Kostenlos natürlich!

Kreislauf des Geldes

11. Münsterplatz

Gehen Sie nun weiter in Richtung Dom auf den **Münster-platz**. (Die Beschreibungen zum Aachener Dom finden Sie im Rundgang Pfalzanlage, ab S. 8.) Der Platz wird seit Jahr-hunderten als Marktplatz genutzt. Zunächst waren die Rader-macher hier ansässig, später diente er als Blumenmarkt. An Samstagen bieten Biobauern aus der Region ihre Waren an. Außerdem ist der Platz eine schöne Kulisse für die jährlichen Flohmärkte und den Kunst- und Handwerkermarkt.

Der Münsterplatz hat den Zweiten Weltkrieg im Wesentlichen unbeschadet überstanden. Das Hauptgebäude der Sparkasse Aachen wurde 1914 als Bankgebäude errichtet. Die Glas-fenster schuf Ludwig Schaffrath 1987. Auf dem Platz steht der **Vinzenzbrunnen**. Die Brunnensäule von Friedrich Ark (1848) erinnert an ein früheres Hospital hier am Platz. Die Skulpturen sind von Gottfried Götting (1877). Der hl. Vin-zenz von Paul hält ein Baby im Arm, links um den Brunnen herum steht die Figur des Erzengels Michael, weiter links eine Madonnenfigur, die Patronin des Domes und die letzte Figur stellt den hl. Foillan dar. Ihm ist die erste Aachener Bürger-kirche gleich neben dem Chor des Aachener Domes geweiht.

St. Foillan

Die Kirche **St. Foillan** ist die einzige Kirche in Deutschland, die diesen Namen trägt. Foil-lan missionierte hauptsächlich im heute belgischen Raum. Er wurde um 656 von Räubern erschlagen. Seine Reliquien kamen Jahrhunderte später nach Aachen. Man erbaute ihnen um 1180 eine Kirche neben dem Aachener Dom. Sie diente als *Leutkirche*, also als Pfarrkirche für die Bewoh-ner der Aachener Altstadt. Der heutige Bau ist zum Teil noch aus dem Jahr 1482, als man die Kirche im gotischen Stil neu erbaut hat. Nach dem Zweiten Weltkrieg war sie fast vollständig zerstört. Der damalige Stadtbaumeister Leo Hugot ergänzte die neuen Elemente in modernem Stil, der sich jedoch den erhaltenen alten Teilen in beeindruckender Weise anpasst. Die neuen Kirchenfenster schuf Wilhelm Buschulte 1958. Auffallend ist der reich verzierte neogotische Turm aus dem Jahr 1888. Er besteht aus Blaustein, einem regionalen Kalkstein. Je nachdem, aus welcher Richtung man in die Stadt hineinfährt, sieht es aus, als habe der Aachener Dom zwei Türme. Ein Irrtum, der reich verzierte Blausteinturm gehört zu St. Foillan.

Über einem der Fenster der benachbarten Printenbäckerei entdeckt man ein Relief. Es zeigt eine **Justitia** mit Waage und verbundenen Augen. Sie erinnert daran, dass St. Foillan früher der Sitz des Aachener Sendgerichts war. Ein Kirchengericht, das Vergehen von Laien gegen Kirchenrecht ahndete. Das konnten sein: Ehebruch, unregelmäßiger Kirchenbesuch an Sonntagen, aber auch Prügeleien unter Frauen.

Gehen Sie nun am Chor des Domes entlang zum anderen Ende des Platzes. Dabei können Sie an den unterschiedlichen Pflastern auf dem Platz die Markierungen von alten Fundamenten erkennen, die schon zwischen 1910 und 1914 entdeckt wurden. Sie gehören zu **karolingischen Annexbauten**, Anbauten an Kaiser Karls Marienkirche. Ihre Nutzung ist nicht klar. Darunter haben Archäologen die Reste einer römischen Therme entdeckt. Sie wird heute **Domtherme** genannt. Teile ihrer Fundamente befinden sich auch unter dem karolingischen Zentralbau. In der Zeit vor den Karolingern diente der Münsterplatz zwischen dem sechsten und achten Jahrhundert als Friedhof.

12. Kleiner Münsterplatz/Vogelmarkt

An den großen schließt sich ein kleiner Platz an. Er wird kleiner Münsterplatz oder **Vogelmarkt** genannt. Auf dem Vogelmarkt sehen Sie den **Möschebrunnen** von Bonifatius Stirnberg (1978). Sein Wasser ist Trinkwasser. Mösche heißen in Aachen die Spatzen und – glaubt man einem Aachener Karnevalslied – ist das der schönste Vogel, den wir haben: *„Der schönnste Vouel, döm vür hant, dat es de Mösch."*

Möschebrunnen

Am Ende des Vogelmarktes folgen Sie der kleinen Gasse, dem Spitzgässchen. Dann erreichen Sie den Fischmarkt.

13. Fischmarkt

Der Fischmarkt hat sich in den letzten 100 Jahren nicht wesentlich verändert. Der jüngste Neubau auf dem Platz stammt von 1888, dem Dreikaiserjahr. Die wohlhabende Fischhändlerfamilie Lahaye ließ damals ihr Wohn- und Geschäftshaus am Fischmarkt neu bauen. Dreimal die Acht und drei kaiserliche Herrscher in einem Jahr, zur Erinnerung an diese einmalige Konstellation sind Wilhelm I. (1797-1888), Friedrich III. (1831-1888), und Wilhelm II. (1859-1941) als Relief an der Hausecke verewigt.

Links neben dem Fischhändlerhaus steht Aachens erstes Bürgerhaus. Es trägt die Bezeichnung **Grashaus**. Der ungewöhnliche Name kommt wohl aus der Zeit, als es als Gefängnis genutzt wurden. Dort wurden sogenannte „peinliche Befragungen" mit der Folter durchgeführt. Kein

Aachen entdecken – ein Stadtführer

Wunder also, dass die Gefangenen einiges zu *grazen*, das heißt zu *jammern*, hatten.

Das Grashaus wurde 1267 erbaut. Die Fassade ist erhalten, das Gebäude dahinter wurde 1890 als Stadtarchiv neu errichtet. In den Arkaden, die die Fassade schmücken, stehen die Skulpturen der sieben Kurfürsten. Es sind drei Erzbischöfe (Trier, Mainz, Köln), drei Erzherzöge (Sachsen-Wittenberg, Pfalzgraf von Rhein, Markgraf von Brandenburg)

Grashaus

und der König von Böhmen. Diese Herren waren die Königsmacher, denn sie hatten den zukünftigen Herrscher zu wählen. In der Zeit zwischen 936 und 1531 wurden 30 von ihnen in Aachen zu Königen gekrönt. An die Königskrönungen erinnert der Fassadenschmuck (vgl. „ABC", S. 114). Die Figuren von Josef Laurent sind aus dem 19. Jahrhundert.

Fischpüddelchen

Gegenüber dem Grashaus steht auf einem kleinen Brunnen das **Fischpüddelchen**. Das Kerlchen ist ein Geschenk des Bildhauers Hugo Lederer, der das Kaiser-Friedrich-Denkmal auf dem Kaiserplatz (vgl. „Shoppen und Gucken", S. 88) anfertigen durfte. Die Aachener zeigten sich von dem Geschenk zunächst nicht besonders beglückt. Im Gegenteil: Der kleine Nackedei rief die Moralapostel auf den Plan. Sie zogen mit Demonstrationen und Protesten gegen die skandalöse Zurschaustellung menschlicher Nacktheit zu Felde. Fünf Jahre dauerten die Debatten, in denen die Brunnenfigur mehrmals in die Verbannung ins Museum kam. Studenten haben sie sogar entführt. Als das Fischpüddelchen 1916 endlich wieder auf den Fischmarkt zurückkam, musste es noch einige Monate von einem Polizisten streng bewacht werden. Welch ein Skandal! Das heutige Brunnenfigürchen hat der Aachener Künstler Clemens Dick 1956 originalgetreu neu geschaffen. Das Original war im Krieg eingeschmolzen worden.

Der Brunnen steht an der Stelle eines Laufbrunnens, der früher die Bürger rund um den Fischmarkt mit Wasser versorgte. Der Stadtfluss hieß Pau und war wichtige Versorgungsader der Aachener Altstadt. Heute werden immer noch alle Altstadtbrunnen mit dem Wasser der Pau betrieben.

Hinter dem Fischpüddelchen sehen Sie die Taufkapelle des Aachener Domes (eine Beschreibung finden Sie im Rundgang Pfalzanlage, S. 28.). Die **Jakobsmuschel** in der Kapellenwand weist auf Aachen als Station auf dem Pilgerweg nach Santiago de Compostela hin.

Die *Albrecht-Dürer-Stube* gegenüber erinnert an einen Aachen-Besuch des berühmten Malers am 23. Oktober 1520. Anlässlich der Krönung Karls V. (1500-1558) hoffte Dürer auf ein wohlwollendes Gespräch mit dem Herrscher. Er sollte seine Rente verlängern, die Karls Vorgänger ihm gezahlt hatte.

Gegenüber vom Brunnen geht Ihr Weg nun weiter durch die Rennbahn. Die Säule an der Ecke zur **Dominformation** ist antik. Sie wurde bei Ausgrabungen auf dem Domhof gefunden. Der Gargol hatte einst seinen Platz hoch oben am Chor des Domes. Aus Sicherheitsgründen wurde er dort durch eine Kopie ersetzt.

14. Rennbahn und Klappergasse

Achten Sie bitte auf Ihre Füße! Denn der nächste Punkt liegt auf dem Weg. Im Bürgersteig sind dicke Quader eingelassen, die früher einen Kanal abdeckten. Der Paubach lief durch Rinnen, daher auch der Name **Rennbahn**. Der Paubachkanal führte zum Fischmarkt, wo er den Laufbrunnen für die Bevölkerung versorgte. Ein wenig weiter die Straße „Rennbahn" hoch hat eine Mühle gestanden. Sie wurde von der Pau angetrieben. Die Quader wurden 2005 an derselben Stelle gefunden, an der Sie heute im Bürgersteig eingelassen sind. Sie lagen nur etwa 1 m tief.

An der Ecke Klappergasse kommen Sie zum nächsten Brunnen, dem **Tüürelüürelissje-Brunnen**. Hubert Löneke setzte 1967 einem Alt-Aachener-Liedchen mit diesem Brunnen ein originelles Denkmal. Bevorzugt zur Karnevalszeit singen die Aachener auf die Melodie von „Alle meine Entchen" folgenden Text:

Tüürelüürelissje uus Klapperjaaß,

wovan hat dat Kengche si Hempche esue naaß?

Haue die Schelme va Jonge jedooe!

Haue dat Kengche net pesse losse jooeh!

Tüürelüürelissje uus Klapperjaaß,

wovan hat dat Kengche si Hempche esue naaß?

(Übersetzung: Tüürelüüre-Ließchen aus der Klappergass, wovon hat das Mädchen sein Hemdchen denn so nass? Das haben die Schelmen von Jungen getan, haben das Kindchen nicht Pipi machen lassen!)

Die kleine Liese mit der nassen Hose kauert vor den schadenfrohen Lausebengeln in der Mitte des Brunnens.

Folgen Sie der Klappergasse bis zur Jakobstraße. Achten Sie im Vorbeigehen links auf die Wand des Klosters der *Armen Schwestern Jesu*. Dort hängt ein **Relief**, mit den Skeletten der Bischöfe Monulf und Gondulf. Das Relief schuf Dries Engelen 1958 und ist eine Schenkung der niederländischen Stadt Maastricht. Der Name Klappergasse ist mit einer alten Legende verbunden. Darin spielen die in Maastricht beerdigten Kirchenmänner eine wichtige Rolle:

Relief

Kaiser Karl der Große hatte zur Einweihung seiner Marienkirche 365 Bischöfe eingeladen. So viele Gäste, wie das Jahr Tage hat. Am Abend vor der Feier waren jedoch erst 363 anwesend. Das galt als schlechtes Omen. Also griff die himmlische Macht persönlich ein und sandte einen Engel zum Grab von Monulf und Gondulf, die in der Kirche St. Servatius in Maastricht begraben sind. Der Engel weckte die beiden auf und befahl ihnen, nach Aachen zu eilen, um dort den Feierlichkeiten beizuwohnen. Die Zeit wurde schon knapp, als die beiden in den frühen Morgenstunden in Aachen eintrafen. Also begannen sie zu laufen. Kurz vor Erreichen ihres Ziels klapperten ihre Knochen jedoch so laut, dass die Aachener meinten, der Teufel persönlich jage durch die Stadt. So wurde die Gasse zur Klappergasse.

15. Jakobstraße

Den wahren Grund für den Namen erreichen sie am Ende der Klappergasse, rechts an der Ecke Jakobstraße. Dort zeigt ein **archäologisches Fenster** eine Blausteinrinne aus dem 15. oder 16. Jahrhundert. Sie liegt auf einer viel älteren Mauer, die auf das neunte bis zehnte Jahrhundert datiert wird. Die Blausteinrinne führte Wasser zu einer Mühle. Sie wird die *Brodermühle* genannt. Über das zum Mauerwerk gehörende Gebäude ist leider nichts bekannt.

Auf der anderen Straßenseite steht stadtauswärts der **Wehrhafte Schmied**. Die Brunnenanlage wurde 1908 von Carl Burger geschaffen. Dem Schmied haben die Aachener ein Denkmal gesetzt, weil er die Stadt ihrer Meinung nach

Der Wehrhafte Schmied

vor dem eindringenden Grafen Wilhelm von Jülich und seinen Söhnen bewahrt hat. Der Graf war durch Bestechung in der Gertrudisnacht, der Nacht des 17. März 1278, durch ein heimlich geöffnetes Stadttor in die Stadt Aachen eingedrungen. Er war der mächtigste Mann der Aachener Region. Aachen gehörte als freie Reichs- und Handelsstadt nicht zum Herrschaftsgebiet der Jülicher, sondern war dem König direkt unterstellt. Die Aachener Bürger sahen sich in ihrer Freiheit bedroht. Sie wehrten sich erbittert gegen die eindringenden Jülicher. In der Jakobstraße stellte sich der Schmied dem Grafen Wilhelm IV. und seinen drei Söhnen in den Weg und erschlug alle vier mit mächtigen Hieben seines Schmiedehammers. Die für einen Schmied falschherum aufgerollten Ärmel der Brunnenfigur geben einen Hinweis darauf, dass nicht eindeutig geklärt ist, ob es sich bei dem tapferen Handwerker tatsächlich um einen Schmied gehandelt hat. Es könnte auch ein Fleischhauer gewesen sein.

Die Sache hatte für die Aachener jedoch ein unangenehmes Nachspiel. Sie mussten 1280 auf Befehl König Rudolfs von Habsburg der Witwe des Grafen die damals horrende Summe von 15.000,- Mark zahlen und vier Sühnealtäre errichten. In der Nähe des Tatortes steht heute anstelle eines dieser Altäre der Brunnen. Der Altar wurde erst Ende des 18. Jahrhunderts, während der Franzosenzeit, abgebaut.

Folgen Sie der Jakobstraße nun stadteinwärts in Richtung Marktplatz. Schräg gegenüber dem archäologischen Fenster kommen Sie an Haus Nr. 18, dem früheren **Marianneninstitut**, vorbei. Es wurde am 3. August 1830 als Aachens erste Entbindungsanstalt gegründet. Zwischen 1897 und 1959 kamen hier 40.000 kleine Aachener zur Welt. Namenspatronin war Marianne von Preußen, die Tochter des späteren niederländischen Königs Wilhelm I. (1772-1843).

Nach etwa 150 m kommen Sie zurück auf den Aachener Marktplatz.

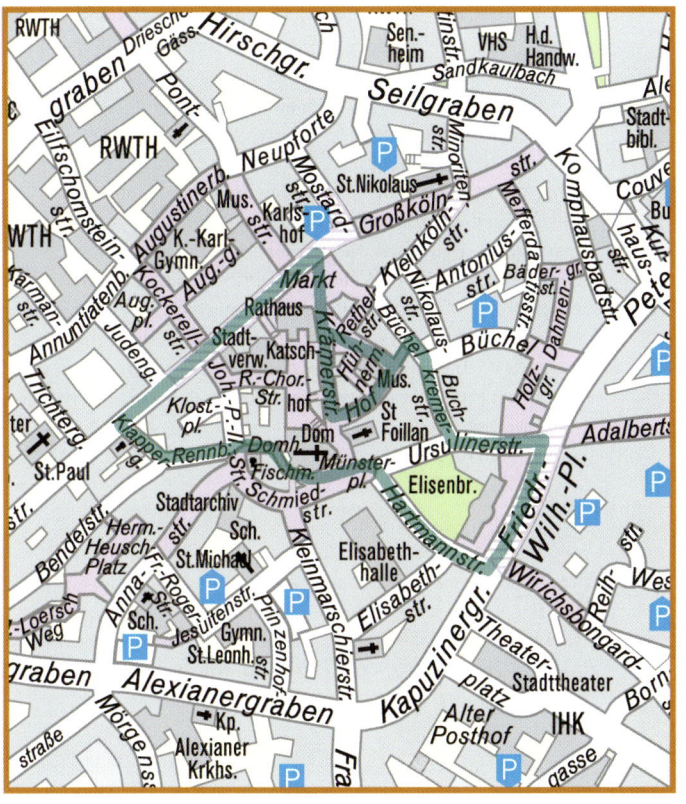

3. Rundgang

Aachen für Studenten –
Aachens „Quartier Latin"

Aachen entdecken – ein Stadtführer

1. Pontstraße:
Vom Marktplatz zur Neupforte

Dieser Rundgang wendet sich an alle, die das Aachener „Quartier Latin", das Pontviertel, kennenlernen möchten. Dabei kommen Sie an zahlreichen Instituten der RWTH Aachen, der Rheinisch-Westfälischen Technischen Hochschule, vorbei. Sie lernen aber auch die Orte kennen, an denen in Aachen selbst Historiker und Germanisten „Wirtschaft" studieren.

Der Rundgang startet am Aachener Markt. Zwischen Haus Löwenstein und der Karls-Apotheke beginnt die **Pontstraße**. Die Herkunft des Namens ist nicht ganz klar. Möglicherweise kommt er von *Pons*, dem lateinischen Wort für *Brücke*. Eine solche gab es einst in einer Senke. Dort querte der Johannisbach die Straße. Der Name könnte aber auch auf den Familiennamen *Punt* zurückgehen. Johan van Punt gehörte neben Ritter Chorus zu den Initiatoren des Rathausbaus im 14. Jahrhundert. Die Familie besaß ein Haus an der heutigen Pontstraße.

Folgen Sie der Pontstraße. An einigen bekannten Aachener Lokalen vorbei, kommen Sie nach etwa 100 m links zur **Aula Carolina**. Die ehemalige Kirche St. Katharina (1697 geweiht) gehörte bis zur Auflösung aller Klöster unter Napoleon zum Augustinerkloster. Sie dient heute als Veranstaltungsraum und Turnhalle des benachbarten Kaiser-Karls-Gymnasiums.

Das **„Große Haus von Aachen",** oder im Volksmund *Ejeng Vijjeling* genannt, steht gleich nebenan. Es ist nach dem Haus Löwenstein eines der wenigen mittelalterlichen Privathäuser aus Stein in Aachen. Die reiche Schöffenfamilie Dollart ließ das Haus, das 1460 bereits erwähnt ist, 1493 umbauen. Riesige, heute zugemauerte Bögen im Inneren weisen auf ungewöhnlich großzügige Raumaufteilungen hin. Der Name *Vijjeling* kommt von *Violence*, dem französischen Wort für *Gewalt*. Während der napoleonischen Zeit, zwischen 1794 und 1814, war hier die Douane, das Zollamt. Ab 1854 benutzte die „Königlich-Preußische-Polizei-Direktion" das Große Haus. Ein Anbau diente als Polizeigefängnis.

Das Große Haus von Aachen

Heute ist das Große Haus eine Station auf der *Route Charle-magne* (vgl. „ABC", S.118). Darin ist das IZM, das **Interna-tionale Zeitungsmuseum**, beheimatet. Das Museum geht auf die umfangreiche Sammlung internationaler Zeitungen von Oskar von Forckenbeck zurück. Der passionierte Zei-tungsleser und Privatgelehrte hinterließ bei seinem Tod 1898 der Stadt Aachen 80.000 Zeitungen. Darunter befinden sich zahlreiche Erst- und Letztausgaben aus aller Welt. Die Sammlung ist einzigartig in Europa.

Folgen Sie der Pontstraße weiter. In der Senke kreuzen Sie die Straßen Annuntiatenbach und Neupforte. Die Neupforte ist bereits als *Nova Platea* im 12. Jahrhundert erwähnt. An ihrem Ende stand damals ein Tor der ersten Aachener Stadt-mauer, der Barbarossamauer (vgl. S. 76).

2. Theresienkirche

Etwa 50 m weiter die Straße hoch erreichen Sie links die **Theresienkirche**. Sie wurde 1748 nach Plänen von Lau-renz Mefferdatis fertig gestellt. Sein Zeitgenosse Johann Josef Couven bekam von der Familie Wespien den Auftrag für die prächtige Innenausstattung. Leider ist die Kirche nur für Son-derveranstaltungen geöffnet. Gegenüber, in einem besonders

Aachen entdecken – ein Stadtführer

Theresienkirche

hässlichen Gebäude aus den 50er Jahren des 20. Jahrhunderts, befinden sich die Räumlichkeiten der katholischen Hochschulgemeinde.

Das **Humboldt-Haus**, links neben der Kirche, ist eine beliebte Begegnungsstätte für die rund 5.500 ausländischen Studierenden der RWTH Aachen. Ein Treffpunkt für etwa 100 verschiedene Nationalitäten. In das 1660 als Karmeliterkloster errichtete Gebäude zog in der Mitte des 19. Jahrhunderts das Vinzenshospital, das Armenhospital der Stadt, ein.

Neben der Theresienkirche schließen sich die Institute für Schweiß- und Fügetechnik und für Kunststoffverarbeitung in Industrie und Handwerk der RWTH an.

Am Ende der Straße erreichen Sie den Templergraben. Dort steht an der Kreuzung rechts ein gut erhaltener Rest der **Barbarossamauer**. Diese erste Aachener Stadtmauer wurde auf Befehl Kaiser Friedrichs I. Barbarossa ab 1171 erbaut. Es war die erste Mauer der noch jungen Stadt. Das Stadtrecht, verbunden mit dem Münz- und Marktrecht, hatte Aachen am 8. Januar 1166 erhalten. Die Mauer war an ihrer höchsten Stelle etwa 8

Barbarossamauer

m hoch und 2,50 m breit. Sie war von einem Graben von bis zu 25 m Breite umgeben. Deshalb heißt der innere Aachener Straßenring „Grabenring". Die Mauer umschloss auf einer Gesamtlänge von etwa 2,4 km den heutigen Altstadtkern. Sie hatte zehn Stadttore und zehn vorgelagerte Wachtürme. Einer steht noch. Es ist der Kirchturm von St. Peter, neben dem Bushof.

3. Vom Templergraben zum Ponttor

Überqueren Sie den Templergraben. Links finden Sie die Räumlichkeiten der **Zentralen Studienberatung.** Schülerinnen und Schüler aus dem gesamten Bundesgebiet finden den hier Informationen über Studienmöglichkeiten an der Technischen Hochschule, kurz TH genannt. Sie hilft auch Studierenden weiter, wenn es im Studiengang einmal hakt.

‚In der oberen Pontstraße nimmt die Dichte an Lokalen deutlich zu. Dieser Teil wird in Anlehnung an das Pariser Studentenviertel das Aachener *Quartier Latin* genannt. Bei schönem Wetter und milden Temperaturen könnte dieser Teil der Straße durchaus auch in Südeuropa zu finden sein. Kurz bevor sich die Straße verbreitert, sehen Sie an Haus Nr. 117 eine Keramiktafel. Die darauf abgebildete Brieftaube erinnert an Paul Julius Reuter. Er hat in diesem Haus 1850 die **Nachrichtenagentur Reuter** gegründet. Die Anfänge waren relativ bescheiden. Mithilfe von Brieftauben füllte er eine Lücke in der Telegrafenverbindung. So konnten Börsennotierungen schneller von Brüssel nach Berlin gelangen. Die Agentur hat heute ihren Sitz in London und ist weltweit tätig.

Gegenüber sehen Sie die Kirche **Heilig Kreuz**. Sie steht an der Stelle der ehemaligen Kreuzherrenkirche. Der damalige Dombaumeister Josef Buchkremer hat sie 1902 im neogotischen Stil aus Blaustein, einem regionalen Kalkstein, erbaut.

Heilig Kreuz, Pfarrhaus

Das **Pfarrhaus** links neben der Kirche ist ebenfalls aus Blaustein. Das spätbarocke Haus wurde schon 1738 als Privathaus für den Prior der Kreuzherren errichtet. Der Stil erinnert an Johann Josef Couven oder an seinen Zeitgenossen Laurenz Mefferdatis.

Ponttor

Sie laufen jetzt direkt auf das **Ponttor** zu. Dieses Doppeltor ist das einzige Stadttor aus der zweiten Aachener Stadtmauer, das noch eine Vorburg und eine Hauptburg hat. Die zweite Aachener Stadtmauer ist zwischen 1257 und 1350 entstanden. Auch ihren Verlauf kann man im Stadtplan noch erkennen. Sie folgt dem Alleenring. Die Mauer hatte närrische 22 Türme und elf Tore. Das Ponttor wurde nach dem Zweiten Weltkrieg mit Steinen aus der geschliffenen Stadtmauer repariert. Seine Räumlichkeiten nutzen die Pfadfinder für ihre Jugendarbeit. Die gotische **Madonna** über dem Torbogen der Hauptburg erinnert an Maria als Schutzpatronin der Stadt.

4. Audimax bis Super C

Gehen Sie links am Ponttor vorbei. Der Weg führt weiter an den Wohnhäusern des Pontwalls, einer stark befahrenen Straße des Alleenrings, vorbei. Sie kommen nun zur Wüllnerstraße. An der Ecke steht das **Audimax**. Richtig heißt es **Auditorium Maximum** (1952). Es war lange Zeit das größte Hörsaalgebäude der RWTH Aachen. Der größte der drei Hörsäle hat 1.043 Plätze. Er wird häufig auch für öffentliche Kulturveranstaltungen, Konzerte und Kabarett genutzt. Gegenüber finden Sie die Mensa Academica und das Aachener Studentenwerk.

Gehen Sie rechts die Wüllnerstraße hinunter. Adolf Wüllner war 1869 einer der ersten Professoren für Physik an der neuen

Aachener Hochschule. Sie befinden hier im Herzen der RWTH Aachen. Rechts liegen zahlreiche Institute, darunter das für Luft- und Raumfahrt. Linker Hand passieren Sie die Lehrstühle für Bergbau oder den für Statistik. Am Ende der Straße erreichen Sie wieder den Templergraben.

Links steht die Hochschulbibliothek. Davor sehen Sie **Menschen im Gespräch**, eine Skulpturengruppe von 1967 des in Aachen lebenden Künstlers Heinz Tobolla.

Gegenüber können Sie durch ein **archäologisches Fenster** Reste einer *Kontermauer* genannten *Stützmauer* des Wassergrabens sehen, der die Barbarossamauer umgab.

Menschen im Gespräch

Super C

Rechts das **Super C**, das Servicecenter für die Belange der Studierenden, mit dem Prüfungsamt und dem Studierendensekretariat der RWTH Aachen. Es wurde zwischen 2004 und August 2008 nach Plänen der Architektinnen Susanne Fritzer und Eva-Maria Pape erbaut. Seinen Namen verdankt es seiner ungewöhnlich kühnen Form, die an ein gigantisches „C" erinnert. Der Blick von den Veranstaltungsräumen der weit vorgezogenen Dachetage aus ist grandios. Das Super C sollte eigentlich von einer *Geothermieanlage* beheizt werden. Diese Anlage, die wie ein großer Durchlauferhitzer arbeiten sollte, hätte mit Erdwärme aus einem 2,5 km langen Bohrloch betrieben werden sollen. Leider war es nacht heutigem Stand der Technik noch nicht realisierbar.. Sie können links neben dem Eingang durch ein Bullauge einen Blick hineinwerfen. Dahinter das 2010 von Prof. Peter J. Russel zum Höhrsaal- und Seminargebäude umgebaute ehemalige Heizkraftwerk. Es heißt wegen seiner roten Abendbeleuchtung „der Toaster".

5. TH-Hauptgebäude bis Kockerellstraße

Die Transparenz des Gebäudes macht einen freien Blick auf das **Hauptgebäude der Technischen Hochschule** möglich. Seinen Grundstein legte Wilhelm I. 1865 anlässlich des Jahrestages 50 Jahre Preußen und das Rheinland. Der ausführende Architekt war der Aachener Landesbaumeister Robert Cremer. Die Technische Hochschule konnte 1870 mit dem Lehrbetrieb beginnen (vgl. „ABC", S. 117).

Gegenüber von Super C und Hauptgebäude führt Sie der Weg weiter über das Gelände des **Kármán-Auditoriums**. Das Vorlesungszentrum mit seinen zahlreichen Sälen ist nach dem ungarischen Maschinenbauer Theodore Kármán benannt.

Pegasus

Er leitete zwischen 1913 und 1933 den Lehrstuhl für Mechanik, Wärmelehre und flugtechnische Aerodynamik der RWTH Aachen. Das „Kármán" ist der größte Hörsaalkomplex der Universität. Es wurde vom Architekturbüro Volkmar und Wetzel aus Düsseldorf entworfen und 1977 eröffnet.

Sie werden zunächst von einem **Pegasus** begrüßt. Solche Kunststoffpferde dekorierten anlässlich der World-Horse-Parade 2001 und 2005 zur Einstimmung auf das Reitturnier und die Weltreiterspiele 2006 die Stadt.

Gehen Sie an dem Pferd vorbei über den Hof des Vorlesungszentrums. Sie verlassen den Komplex links durch ein aufwendiges **barockes Tor.** Es gehörte zum Klosterrather Hof, dem Privatpalais der reichen Nadelfabrikantenfamilie Schervier. **Franziska Schervier**, die Tochter des Hauses, gründete Mitte des 19. Jahrhunderts den Orden der Schwestern zum heiligen Franziskus. Sie sind in Aachen als die Schervier-Schwestern bekannt. In ihrem heutigen Mutterhaus an der Elisabethstraße, Ecke Kleinmarschierstraße, widmen sie sich der Obdachlosenbetreuung. Franziska Schervier wurde 1974 selig gesprochen. Sie soll übrigens armen Studenten beistehen, die auf dem Weg zur Prüfung unter dem Tor hindurchgehen.

Scherviertor

Treten Sie durch den Bogen hinaus auf die Eilfschornstein-straße. Hier waren im 19. Jahrhundert zahlreiche Fabriken angesiedelt. Sie sollen zusammen elf Schornsteine besessen haben. Daran erinnert der Straßenname. Ein Fabrikgebäude, das Backsteingebäude links am Anfang der Straße, ist erhalten. Es gehörte der Tuchfabrik Marx und Auerbach, später Grünzig und Charlier. Das auf der gegenüberliegenden Straßenseite ausgestellte Maschinenteil gehört zu einer Dampfmaschine. Es verweist auf den Fachbereich Maschinenbau in der unmittelbaren Nachbarschaft.

Schräg rechts schauen Sie auf ein Gebäude mit zehn Stockwerken von 1958. Darin sind verschiedene Institute für Ingenieurwissenschaften, Werkstätten und Labore untergebracht. Es ist ein reiner Zweckbau. Davor sitzt das Philosophische Institut, gemeinsam mit den Sprachwissenschaftlern und dem Akademischen Yachtclub der RWTH in der ehemaligen Mädchenrealschule, einem hübschen Gründerzeitgebäude aus Backstein.

Gehen Sie vom Scherviertor aus rechts die Straße hinunter bis zum Augustinerbach. Das kleine Bächlein, das durch die Rinnen sprudelt, ist der **Johannisbach**. Er wurde an dieser Stelle wieder freigelegt, im Winter verläuft er unterirdisch.

Links sehen Sie das Hauptgebäude des **Kaiser-Karls-Gymnasiums**. Es wurde 1905 auf dem Gelände des früheren Augustinerklosters für das älteste Aachener Gymnasium errichtet. Das „KKG" wurde um 1601, ursprünglich als reine Jungenschule, gegründet. Das änderte sich erst in den 70er Jahren des 20. Jahrhunderts.

Aachen entdecken – ein Stadtführer

Schräg rechts sehen Sie das **Kehrmännchen** aus Bronze. Den Aachener Straßenkehrern setzte Heinz Tobolla 1973 hier ein Denkmal. Der Weg führt geradeaus in die Kockerellstraße. Sie wurde schon im 13. Jahrhundert als „Kockerei" erwähnt. Möglich, dass der Ausdruck auf eine Küche hindeutet.

6. Vom Wespienhaus zurück zum Markt

Am ersten Gebäude links, es gehört zum KKG, hängen die Reste des **Wespienhauses**. Dieses prächtige barocke Haus war von Johann Josef Couven für die gleichnamige Tuchmacherfamilie an der Franzstraße erbaut worden. Leider brannte es im Zweiten Weltkrieg fast vollständig ab. Nur diese wenigen Fragmente sind erhalten.

Folgen Sie der Kockerellstraße. Nach etwa 70 m sehen Sie rechts in den Augustinerplatz. Er entstand erst beim Wiederaufbau der Stadt nach dem Zweiten Weltkrieg. Blickfang auf dem Platz ist eine **Sandsteinstele** von 1971. Es ist eine studentische Gemeinschaftsarbeit von 65 Architekturstudenten unter der Projektleitung von Elmar Hillebrand zum Thema Dritte Welt.

Wespienhaus

Fast am Ende der Straße hat Karl Henning Seemann sich auf ganz andere Weise mit dem Thema **Reiterspiele** auseinandergesetzt. Ältere kennen diese Form des Spiels vielleicht noch aus ihrer Kindheit. Die Skulptur ist von 1975.

Nach wenigen Metern erreichen Sie die Ecke Jakobstraße/Markt. Wenn Sie sich nach links wenden, kommen Sie wieder am Ausgangspunkt dieses Rundgangs an.

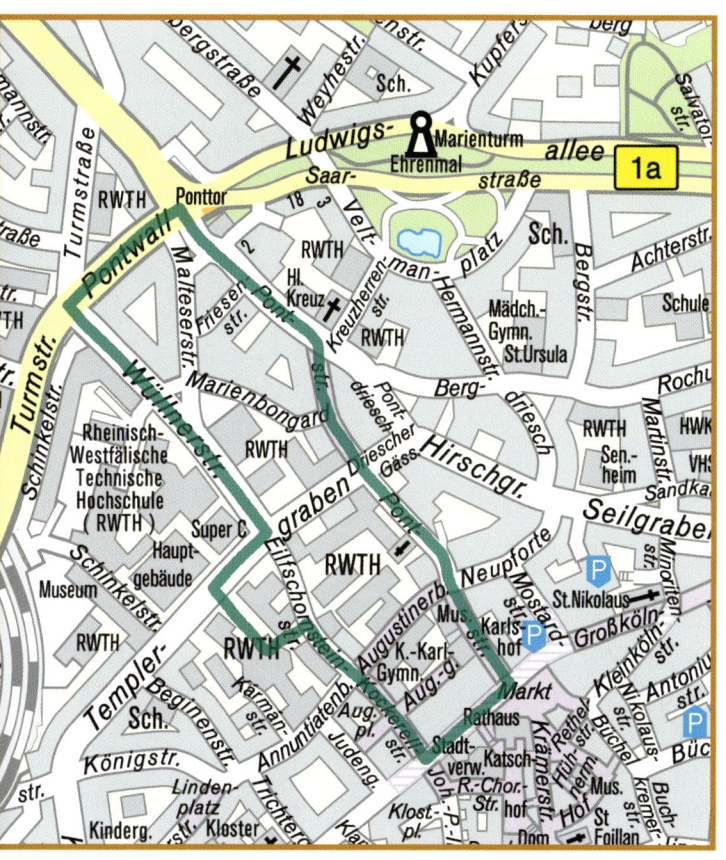

4. Rundgang

Gucken und Shoppen –
eine Tour durch die Geschäftsstraßen

Aachen entdecken – ein Stadtführer

Die Aachener Altstadt hat viele Sehenswürdigkeiten zu bieten. Neben aller Historie lädt die Stadt aber auch zum Einkaufen ein. Während eines Bummels durch den Altstadtkern rund um Dom und Rathaus haben Sie sicher schon einige nette Geschäfte gesehen. Diese Tour wird Sie fast ausschließlich durch Aachens Geschäftsstraßen führen.

Dieser Rundgang beginnt am Theater.

1. Theater

Das Theater Aachen wurde zwischen 1822 und 1825 nach Plänen des Aachener Landesbauinspektors Johann Peter Cremer und Staatsbaumeisters Karl Friedrich Schinkel erbaut. Das heutige Gebäude stammt aus der Nachkriegszeit. Der Eingang ist original erhalten. Ionische Säulen tragen einen Dreiecksgiebel, in dem ein Genius den Musen der Tragödie, Melpomene, und der Komödie, Thalia, je einen Lorbeerkranz überreicht. Der in Latein gehaltene Giebelspruch „Musagetae Heliconiadumque Choro" soll frei übersetzt heißen: den Musen und dem Chor der Kunstschaffenden geweiht. Das Theater hat 730 Plätze im Großen Haus. Für den guten Ton sorgt das „sinfonieorchester Aachen" seit Spielzeitbeginn 2012/13 unter der Leitung von Generalmusikdirektor Kazem Abdullah.

Theater　　　*Fröhlicher Hengst*

Vor dem Theater steht der *fröhliche Hengst* (1963) von Gerhard Marcks. Er repräsentiert die Reiterstadt Aachen, denn Pferdesport ist in Aachen ein traditionelles Großereignis (vgl. „ABC" CHIO, S.109).

Rechts neben dem Theater finden Sie das **Kapuzinerkarree**. In dem Komplex war früher die Aachener Hauptpost untergebracht. Heute finden Sie hier diverse Geschäfte, Gastronomiebetriebe und im Hof ein Kino mit zwölf Sälen.

Ihr Rundgang führt links weiter in Richtung Friedrich-Wilhelm-Platz, gegenüber dem Elisenbrunnen (vgl. S. 59). Sie schlendern an alteingesessenen Aachener Geschäften vorbei. Nach etwa 150 m erreichen Sie die Elisengalerie.

2. Elisengalerie

Die Galerie wurde 1997 eröffnet. Sie bietet eine große Anzahl schöner Geschäfte. Am Ende kommen Sie an eine runde, mit Glas überdachte Piazza. Der Brunnen von Joachim Schwarze bildet einen **Vorhang aus Wasser**. Links daneben finden Sie den Eingang zu einem kleinen Kammertheater, dem **Grenzlandtheater**.

Sie verlassen die Galerie wieder durch den Haupteingang und setzen Ihren Weg nach rechts fort in Richtung Adalbertstraße. Gegenüber sehen Sie den **Holzgraben** und den **Friedrich-Wilhelm-Platz** mit dem markanten Elisenbrunnen. Beide Plätze sind im Altstadtrundgang ab Seite 57 ausführlich beschrieben.

3. Adalbertstraße

Die Adalbertstraße verdankt ihren Namen der Kirche St. Adalbert, deren Turm Sie am Ende der Straße erkennen können. Hier, an Aachens längster Einkaufsstraße, finden Sie neben zahlreichen Einzelhändlern die für viele Städte typischen Vertreter großer Kaufhäuser und Filialisten. Die Adalbertstraße wurde schon 1972 verkehrsberuhigt. In einem großen Taschen- und Lederwarengeschäft, in Haus Nr. 35, finden Sie den **Lederbrunnen** von Bonifatius Stirnberg (1975). Über einem Gerberfass liegt eine geöffnete Geldbörse. Um den Brunnen tummeln sich zahlreiche Tiere, deren Haut für die im Haus verkauften Waren verarbeitet wird.

Aachen entdecken – ein Stadtführer

Kugelbrunnen

Adalbertkirche

Weiter die Straße hinunter erreichen Sie den **Kugelbrunnen**. Der Künstler Albert Sous hat ihn 1977 aus Edelstahl von Waschmaschinentrommeln geschaffen. Die Kugel öffnet sich durch Wasserdruck zu einer Blume und schließt sich dann langsam wieder. Folgen Sie rechts weiter der „kleinen" Adalbertstraße. Dort entsteht die Kaiserplatzgalerie.

Nach etwa 100 m erreichen Sie die **Adalbertkirche**.

In ihrem Sockel sitzt Heinrich II. als Stifter. Er ließ zwar die erste Kirche bauen, gestiftet hat sie jedoch Otto III. im Jahre 1002. Er brachte das Haupt des hl. Adalbert nach Aachen. Der aktuelle neoromanische Kirchenbau wurde 1876 fertig gestellt.

Wenn Sie rechts um die Kirche herumlaufen, erreichen Sie die Wilhelmstraße. Nur wenige Meter rechts in die Straße hinein kommen Sie zum Suermondt-Ludwig-Museum (vgl. „A-Z" Museen, S. 114/115).

Unser Weg führt nach links. Dort steht das **Reiterdenkmal Kaiser Friedrichs III.** Kaiser Wilhelm II. ließ seinem Vater zum

80. Geburtstag am 18. Oktober 1911 dieses Denkmal setzen. Kaiser Friedrich III. ging im sogenannten „Drei-Kaiser-Jahr" 1888 als 99-Tage-Kaiser (regierte 12. März bis 15. Juni 1888) in die deutsche Geschichte ein. Sein Reiterdenkmal schuf Hugo Lederer (vgl. S. 66). Die benachbarte Kreuzung heißt Kaiserplatz.

4. Synagogenplatz

Folgen Sie nun der Stiftstraße in Richtung Willy-Brandt-Platz. Dort gehen Sie rechts um das Kaufhaus C&A herum auf den **Synagogenplatz**. Hier steht seit 1995 eine neue Synagoge. Der Vorgängerbau brannte 1938 während der Reichspogromnacht nieder. Die Inschrift über dem Haupteingang lautet: „Mein Haus soll sein ein Haus des Gebets für alle Völker".

Die 3 m hohe Glasskulptur vor der Synagoge stellt einen **gebrochenen Davidstern** dar. Heinz Tobolla gestaltete das symbolträchtige 25 t schwere Kunstwerk 1984 aus über 1.000 Glasplatten.

Der Weg führt Sie nun wieder zurück zum Willy-Brandt-Platz. Links sehen Sie den Kugelbrunnen. Gehen Sie nun rechts weiter durch die **Blondelstraße**. Sie ist nach dem Aachener Badearzt Franciscus Blondel benannt, der nach dem großen Stadtbrand (vgl. „ABC", S.118) von 1656 den Satz geprägt haben soll: „Was das Feuer zerstört hat, soll uns das Wasser wieder aufbauen." Blondel regte an, Aachens Thermalquellen gezielt als Kur- und Heilquellen zu nutzen und aus der traditionsreichen Tuchmacherstadt eine Kur- und Badestadt zu machen. Das damalige Kurzentrum lag in der **Komphausbadstraße**, unserem nächsten Ziel.

Sie gehen am Ende der Blondelstraße an der Ampel über die Peterstraße.

Rechts sehen Sie den **Bushof**, einen typischen Zweckbau von 1973. Neu war damals, dass die Busse hineinfahren können. Links, ein Stück die Peterstraße hinunter, erreichen Sie die **Komphausbadstraße**. Dort erinnert das **Alte Kurhaus** an längst vergangene Pracht.

5. Komphausbadstraße

Das **Alte Kurhaus** ist eine prächtige Erinnerung an die dekorative Architektur des 18. Jahrhunderts. Es wurde zwischen 1782 und 1786 von Jakob Couven, dem Sohn von Johann Josef Couven (vgl. „ABC", S. 109/110), als Festsaal und Spielkasino erbaut. Nach dem Krieg blieb nur noch ein Teil des Gebäudes erhalten. Der Ballsaal, ebenfalls von Jakob Couven entworfen, kann für private Feste angemietet werden. Im hinteren Bereich des Gebäudes führt seit 1970 die Klangbrücke über die Kurhausstraße. Sie steht als Veranstaltungsraum für Lesungen, Konzerte und Kabarett zur Verfügung.

Altes Kurhaus

Von den ehemaligen noblen Kurhotels hat der Zweite Weltkrieg leider nichts mehr übrig gelassen. Hier steht jetzt ein Kaufhaus.

Wenn Sie eine besonders feine Nase haben, bemerken Sie einen leichten Geruch nach faulen Eiern. Unter dem Kaufhaus befindet sich das Quellhaus der **Rosenquelle**, die die Carolus Thermen versorgt (vgl. S. 116/117). Die zweite Quelle, die Komphausbadquelle, wird zurzeit nicht genutzt.

An seiner Verkleidung mit der *Eier-Kachel* erkennen Sie das Kaufhaus leicht als ehemaliges Horten-Kaufhaus. Egon Eiermann hatte sämtliche Häuser der Kaufhauskette mit solchen Fassaden ausgestattet.

Gegenüber vom Alten Kurhaus finden Sie den Hauptein- gang des Kaufhauses. Von dort aus links geht es durch den Dahmengraben wieder zurück zum Elisenbrunnen.

Ihr Rundweg führt Sie jedoch weiter geradeaus über die Komp- hausbadstraße in Richtung Großkölnstraße. Rechts sehen Sie den **Röhrenbrunnen** (1975) von Heinz Tobolla.

Hotmannspief

Schräg rechts über den Platz hinweg können Sie eine Brunnensäule erkennen.

Es ist die **Hotmannspief**, ein ehemaliger Laufbrunnen und eine vormalige Pferde- wechselstelle. Adam Franz Friedrich Leydel schuf ihn 1829 in Form eines Obelis- ken. Die vergoldeten Damen rund um den Brunnen wer- den spöttisch die letzten eisernen Jungfrauen von Aachen genannt. An einer technischen Hochschule gibt es eben traditionell einen Männerüberschuss. Aber die Mädels holen inzwischen auf.

6. Großkölnstraße

Biegen Sie jetzt links in die Großkölnstraße ein. Sie folgt dem Verlauf einer alten Aachener Römerstraße. Im Mittelalter führte sie zum Kölntor, das am heutigen Hansemannplatz stand. Die Großkölnstraße führt direkt zum Markt.

Nach etwa 100 m treffen Sie drei fröhlich flanierende Damen aus Bronze.

Aachen entdecken – ein Stadtführer

Es sind die **Regenschirmdamen**. Sie werden von den Aachenern die „Dröppelminnas" genannt. Heinz Tobolla hat sie 1974 als Hommage an das Aachener Wetter gestaltet. Hinter den Dröppelminnas hängt ein **Kreuzigungsrelief** von Lambert Piedboeuf von 1895 an einer Außenwand der **Kirche St. Nikolaus**.

Die dreischiffige Basilika diente ab 1327 den Franziskaner-Minoriten als Klosterkirche. Ihr Hauptaltar stammt aus der Renaissance und ist von 1640. Er wurde bei einem Brand in der Sylvesternacht 2010/2011 zerstört. Seit 2002 wird sie als ökumenische Begegnungsstätte und Meditationsraum genutzt. Passanten sollen hier einen Ort der Stille finden. Die Kirche wird außerdem für Konzertveranstaltungen genutzt. Ihre historische Klais-Orgel stammt aus Kornelimünster.

Wenige Meter weiter erreichen Sie den Aachener Marktplatz.

7. Karlshof

Weichen Sie kurz vom Weg ab und schauen Sie rechts in den Innenhof des neuen *Viktoria-Komplexes*, den Karlshof. Dort entdecken Sie den **Brunnen der Sieben Freien Künste** von Ottmar Hollmann. Der achteckige Brunnen von 1969 erinnert an die Hofschule Kaiser Karls des Großen in Aachen. Die Sieben Freien Künste bilden das Grundwissen der Antike. Die freien Bürger Roms erlernten zunächst das *Trivium*: Rhetorik, Dialektik und Grammatik. Die zweite Stufe, das *Quadrivium*, sollte dieses Grundwissen mit Inhalten füllen: Mathematik, Geometrie, Astronomie und Musik. Jede dieser Wissenschaften hat eine eigene Brunnenplatte. Die achte Platte mit der Reichskrone stellt den Zusammenhang mit der Hofschule Kaiser Karls her.

Brunnen der Sieben Freien Künste

Sie können Ihren Weg über den Markt und die Krämerstraße fortsetzen. Über die Hartmannstraße, am Elisengarten vorbei, kommen Sie dann zurück zum Friedrich-Wilhelm-Platz. Rechts geht es zurück zum Theater. Erklärungen zu Sehenswürdigkeiten finden Sie im Rundgang zu Dom und Rathaus und im Altstadtrundgang.

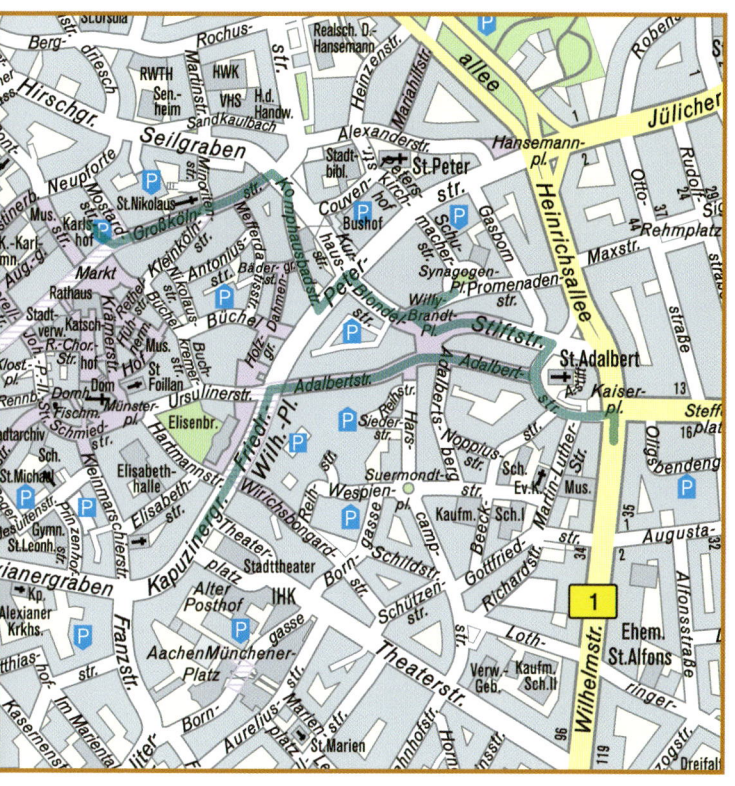

5. Rundgang

Stadtpark und Lousberg

Mit „Segway" sportlich oder klassisch auf „Schusters Rappen"

Die folgende Tour können Sie alternativ zu Fuß oder mit einem *Segway* unternehmen. Informationen zum Ausleihen der *Segways* entnehmen Sie bitte dem Kasten auf Seite 106.

1. Das neue Kurviertel

Gleichgültig, ob Sie nun durchs Grüne spazieren oder fahren wollen, Sie beginnen am **Quellenhof**, dem einzigen Aachener Luxushotel mit fünf Sternen. Kein Geringerer als Sir Peter Ustinov hat das Haus 1999 mit seiner „One Man Show" nach umfangreicher Renovierung wiedereröffnet. Gemeinsam mit dem benachbarten **Neuen Kurhaus** war es 1916 als Luxushotel im Repräsentationsstil für die Kur- und Badestadt Aachen neu erbaut worden.

Quellenhof

Eurogress

Beide Gebäude werden seit 1977 durch das **Eurogress** ergänzt. Das Kongresszentrum mit dem größten Aachener Konzertsaal, er fasst 1.700 Menschen, bietet in mehreren Sälen Raum für Veranstaltungen aller Art. Höhepunkt der Öcher Karnevalssession ist die Verleihung des „Ordens wider den tierischen Ernst" durch den Aachener Karnevalsverein (vgl. „ABC", S. 115/116). Sie findet im Eurogress statt.

Schon in der napoleonischen Zeit begann man am heutigen **Alleenring** mit dem Ausbau von komfortablen Spazierwegen. Der Alleenring ist der äußere Aachener Innenstadtring.

Er folgt der zweiten Aachener Stadtmauer. Ihr Bau begann um 1257 und sollte etwa 80 Jahre dauern. Die Mauer war etwa 5,8 km lang und hatte elf Tore und 22 Wachtürme. Sie war jedoch bereits im 18. Jahrhundert teilweise nicht mehr intakt. Schließlich wurde sie auf Befehl Napoleons Anfang des 19. Jahrhunderts komplett niedergelegt. Maximilian Friedrich Weyhe plante die neuen Spazierwege ab 1807. Die Monheimsallee wurde nach Johann Peter Josef Monheim benannt. Er war Chemiker und hat als Erster das Aachener Heilwasser einer genauen chemischen Analyse unterzogen.

Die Alleen beginnen am **Hansemannplatz**. David Hansemanns lebensgroße Skulptur von Heinz Hoffmeister (1888) steht am Beginn der prächtigen Allee. Hansemann war mehr als nur ein Aachener Unternehmer: Er wurde 1848 preußischer Finanzminister. In Aachen gründete er die Aachen und

Peter Josef Lenné

Münchener Versicherung als Aachener Feuer-Versicherungs-Gesellschaft, den sozial tätigen Verein zur Beförderung der Arbeitsamkeit und sorgte für Aachens erste Eisenbahnverbindung nach Köln. Die Strecke konnte 1841 in Betrieb genommen werden.

Der Rundgang führt vom *Quellenhof* aus rechts in Richtung Kurgarten. Dort steht vor der Brunnenanlage die Büste des Gartenarchitekten **Peter Josef Lenné.** Nach seinen Plänen wurde der Kurpark ab 1853 angelegt. Lenné blickt auf eine prächtige Brunnenanlage, die im Winter mit Thermalwasser beheizt werden kann. Dafür wird das Wasser der Rosenquelle genutzt. Sie versorgt vom Quellpunkt in der Komphausbadstraße aus die *Carolus Thermen* mit Wasser.

Rechts finden Sie das **Parkhaus Eurogress**. Es wurde geschickt in die Grünanlage integriert. Vor dem Zweiten Weltkrieg war die Allee an dieser Seite mit Wohnhäusern bebaut. In einem der Häuser wohnte Rosa Holländer-Stern, die Großmutter von **Anne Frank**. Als die Familie nach Amsterdam flüchtete, verbrachte Anne zwischen Juli

1933 und Januar 1934 einige Monate hier in Aachen. Eine Gedenktafel finden Sie auf der Monheimsallee, etwa 20 m neben dem Haupteingang zum Parkhaus.

Fahren oder spazieren Sie nun an Herrn Lenné vorbei und biegen Sie nach links Richtung neues Kurhaus ab. Wenn Sie viel Geld zum Verlieren übrig haben, dann können Sie auch hineingehen. Das **Neue Kurhaus** von 1916 beherbergt seit 1976 das **Aachener Spielkasino**. An seinen Ursprung als Kurhaus erinnert der Giebel, in dem ein Äskulap abgebildet ist. Er wird von Nereiden flankiert. Vor dem Kasino sitzen seit 2006 zwei **chinesische Glücksdrachen**. Sie sind Geschenke von Aachens chinesischer Partnerstadt Ningbo zum 20-jährigen Bestehen dieser Städtefreundschaft.

2. Vom Kurhaus zu den Carolus Thermen

Fahren oder gehen Sie rechts in Richtung **Fontänenbrunnen**. Vor der **Konzertmuschel** treffen sich im Sommer regelmäßig Boulespieler. Der Weg führt hinter dem Brunnen vorbei in den Garten hinein. Lenné liebte es, seine Gärten mit verschlungenen Wegen anzulegen. Folgen Sie dem Weg schräg links. Rechts hinter dem kleinen **Spielplatz** sehen Sie einen Teich mit einer Holzbrücke und einem Brunnen. Links kommen Sie an der **Minigolfanlage** und den Tennisplätzen vorbei. Im Park hat der Aachener *Tennisclub Kurhaus Bad Aachen* seine Anlage. Sie folgen dem Weg um die Tennisanlage herum. Geradeaus erreichen Sie das Ausstellungsgebäude des **NAK**, des Neuen Aachener Kunstvereins. Er hat hier seit 2001 seine Heimat gefunden. In den Räumen im Stadtgarten finden regelmäßige Wechselausstellungen statt.

Der hintere Bereich des Stadtgartens in der Nähe der Carolus Thermen wurde nach dem Ersten Weltkrieg im Zuge einer Erweiterung der Anlage angelegt. Sein Name **Farwick-Park** erinnert an den ehemaligen Aachener Bürgermeister Wilhelm Farwick (Bürgermeister 1916-1928).

Folgen Sie dem Weg in den Rosengarten hinein. Hier steht seit 1928 das **Kongressdenkmal**. Es wurde zwischen 1841 und 1844 von Karl Friedrich Schinkel aus Carrara-Marmor gestaltet. Im Giebel erinnern die Plaketten mit den

Abbildungen von Friedrich Wilhelm III., Kaiser Franz I. von Österreich und Zar Alexander I. an den Monarchenkongress von 1818 in Aachen (vgl. S. 58). Die Monarchen feierten in Aachen den fünften Jahrestag der Völkerschlacht bei Leipzig.

Carolus Thermen

Links neben dem Rosengarten erreichen Sie nun die **Carolus Thermen**. Nehmen Sie sich Zeit, hier das Aachener Wasser in verschiedenen Innen- und Außenbecken, bei angenehmen Temperaturen, bis zu 38° C, zu genießen. Natürlich können Sie sich auch massieren lassen, im Hamam eingeseift werden oder in der Sauna kräftig schwitzen. Die *Carolus Thermen* wurden 2001 eröffnet.

Die **Edelstahlsäulen** vor dem Haupteingang stammen vom Würselener Künstler Albert Sous. Die Fußgänger können einen Abstecher in die Thermen machen. Vom Restaurant in der ersten Etage aus hat man einen schönen Blick über die verschiedenen Badewelten und kann gleichzeitig noch eine kleine Stärkung zu sich nehmen. Sie verlassen das Restaurant über die Gartenterrasse und kommen zurück in den Park.

3. Der Wingertsberg

Die *Segway-Fahrer* sind schneller, wenn es nun den **Wingertsberg** hinaufgeht. Von den Carolus Thermen aus fahren Sie wieder auf die Tennisplätze zu. Dort biegen Sie rechts ab auf den Weg und folgen ihm nach oben. Die Fußgänger können

die Treppe benutzen. Oben auf dem Wingertsberg, an einem schönen Hang, finden Sie sogar einen **Weinberg** mit inzwischen 111 Reben. Er gehört dem Aachener Karnevalsverein AKV. Der Wein, es ist ein Riesling, wird nach der Lese von einem Winzer gekeltert. Seinen Namen *Öcher Heuschreck Durchbruch* bekam er vom Alt-Bundespräsidenten, Ordensritter (1974) und Karlspreisträger (1977) Walter Scheel.

Gegenüber vom Weinberg unterhielt bis 2011 der Deutsche Wetterdienst die Wetterwarte Aachen.

Der Weg führt rechts vom Weinberg den Wingertsberg hinunter in eine weite Senke. Hier können die *Segway-Fahrer* richtig Gas geben und noch einmal die weite Wiese umfahren. Die Fußgänger wählen den kürzeren linken Weg, um den Park über einen Seitenausgang zu verlassen.

Gehen oder fahren Sie geradeaus weiter durch die Pippinstraße, die den Namen von Kaiser Karls Vater trägt. Sie erreichen die Krefelder Straße, eine verkehrsreiche, vierspurige Bundesstraße. Bitte überqueren Sie diese an der Ampelanlage rechter Hand. Auf der anderen Straßenseite müssen Sie am Soerser Weg ein zweites Mal über die Kreuzung, dann kommen Sie zur Elsa-Brändström-Straße. Elsa Brändström half nach dem Ersten Weltkrieg als schwedische Rot-Kreuz-Schwester deutschen Kriegsgefangenen in russischen Lagern. Sie wurde „Engel von Sibirien" genannt.

Salvatorkirche

4. Der Salvatorberg

Die *Segway-Fahrer* folgen der Elsa-Brändström-Straße bis zum Denkmal von Teufel und Marktfrau. Dort fahren Sie links über die Salvatorstraße den Salvatorberg hoch.

Als Fußgänger können Sie den Weg abkürzen und bei erster Gelegenheit links in die Grünanlage abbiegen und mit dem Aufstieg auf den kleinen Berg beginnen. Auf der Bergspitze steht die **Salvatorkirche**.

Der heutige Kirchenbau entstand auf alten Fundamenten nach Plänen von Josef Laurent und wurde 1886 eingeweiht. Ihre Geschichte beginnt jedoch bereits mit einer Kapelle, die Ludwig der Fromme hier 818 erbauen ließ. Die erste dreischiffige Pfeilerbasilika entstand 1039. Sie löste eine frühere Salvatorkapelle ab. Seit 1949 wird die Kirche von Oblatenpatres betreut. Die Patres werden den Standort jedoch 2011 verlassen. Sie wird gerne für Hochzeiten genutzt.

Gehen oder fahren Sie den Salvatorberg hinunter.

5. Den Lousberg hinauf

Den Salvatrober verlassen Sie über die Salvatorstraße. Am Ende der Straße treffen Sie auf den **Teufel und die Marktfrau**. Die Bronzefiguren hat Krista Löneke-Kemmerling 1985 geschaffen. Sie erinnern an eine alte Legende rund um die Entstehungsgeschichte des dritten und höchsten Berges dieses Rundgangs, des **Lousbergs**. Eigentlich rührt der Name von Luovesberc, heute Ludwigsberg, her. Er bezieht sich auf Kaiser Karls Sohn Ludwig den Frommen.

Dennoch, für die Aachener ist der Lousberg auch der „Schlauberg", den *„lues"* bedeutet im Öcher Platt *„schlau"*. Einer schlauen Marktfrau ist es zu verdanken, dass Aachen nicht im Sand dieses Berges versunken ist.

Die Lousbergsage

Den Verlust seines Daumens in der Domtür wollte der Teufel nicht ungesühnt hinnehmen (vgl. „Dombausage", S. 30/31).

Er macht sich also mit einem riesigen Sandsack nach Aachen auf. Die Stadt, in einem Talkessel gelegen, soll unter dem Sand begraben werden. Kurz vor den Toren der Stadt begegnet ihm eine alte Frau, die Marktfrau. Er fragt sie, wie weit denn der Weg noch nach Aachen sei. Schnell hat die Alte den Pferdefuß entdeckt. Listig beginnt sie ein großes Palaver um ihre angeblich neuen Schuhe, die sich auf dem weiten Weg von Aachen schon zu „Schlubben" abgelaufen haben. Während sie den Teufel mit ihrem Gezeter ablenkt, wirft sie heimlich ihren Rosenkranz auf den verdächtigen Sack. Als sich der Böse schließlich auf den vermeintlich weiten Weg nach Aachen aufmachen will, bricht der Sack an der Stelle auf, an der der Rosenkranz gelegen hat. Es entstehen zwei Berge: der größere Lousberg und der kleinere Salvatorberg.

Es muss schon viel Sand im Teufelssack gewesen sein, denn der Lousberg ist 253 m hoch.

Aachen entdecken – ein Stadtführer

Teufel und Marktfrau

Tatsächlich war der Lousberg bis zur Franzosenzeit kahl. Maximilian Friedrich Weyhe plante zu Beginn des 19. Jahrhunderts auf der kahlen Schafsdrift einen englischen Garten. Der Lousberg ist heute der älteste Bürgerpark Europas. Er wurde 1807 unter großen Mühen begonnen. Zunächst mussten 36.000 Tonnen Muttererde auf den Berg getragen werden.

Beginnen Sie also den Anstieg. Jetzt werden die Fußgänger die „Segway-Fahrer" beneiden. Die „Fahrer" wählen wieder den längeren Weg. Fahren oder laufen Sie rechts neben dem Denkmal, an den Parkplätzen vorbei, in die Buchenallee. Links kommen Sie an einem **Spielplatz** vorbei. Hier wurde der Berg in früheren Jahrhunderten als Steinbruch genutzt. Leider nach einer Epidemie auch als Friedhof für die französische Besatzungsarmee.

Fußgänger nehmen nach etwa 50 m die Treppe links zum Gipfel hoch. Sie ist mit den Spuren des Teufels markiert: einem Fuß und einem Huf.

Wenn Sie mit dem *Segway* fahren, dann folgen Sie der Buchenallee weiter bis zum Ende und fahren dann über die Hoffmannallee und die Belvedereallee weiter bis zum Gipfelplateau. Unterwegs kommen Sie an einem Aussichtspunkt mit **Hängematten** aus Edelstahl vorbei. Sie wurden 2008 hier installiert.

Von der Buchenallee aus haben Sie einen guten Blick auf den Sportpark Soers mit dem **Tivoli**, der Heimat von Alemannia Aachen. Links daneben liegt das **Reitstadion**. Hier findet der CHIO statt (vgl. „A-Z", S. 109).

6. Das Lousbergplateau

Oben auf dem Plateau dürfen Sie noch höher hinaus. Das **Drehturmrestaurant Belvedere** im ehemaligen Wasserturm von 1957 dreht sich seit 1969 in einer Stunde einmal rund um Aachen und die Umgebung. Von dort aus haben Sie eine grandiose Aussicht.

Hinter dem Drehturm können Sie in einem kleinen Wäldchen auf die Suche nach Feuersteinresten gehen. Der Stein wurde schon etwa 3.000 vor Christus in einem **Feuersteinbergwerk** abgebaut. Man hat ihn dann zu Werkzeugen und Waffen weiterverarbeitet. Schlagsteine wurden während der Ausgrabungen 2008/2009 auf dem Gelände des Elisengartens gefunden.

Am Ende des Bergplateaus schauen Sie links über den Sportpark Soers bis weit in den Aachener Nordkreis hinein. Rechts sehen Sie auf den Aachener Talkessel.

Ein **Obelisk** erinnert an die Vermessung des Rheinlandes durch den französischen Ingenieur Colonel Jean Josef Tranchot. Er nutzte den Lousberg als ersten trigonometrischen Messpunkt. Der Obelisk wurde am 22. Juni 1807 aufgestellt.

Drehturmrestaurant Belvedere

Obelisk

Etwa 15 m links neben dem Aussichtspunkt steht eine rote Säule mit der Aufschrift **Teufelswerk**. Sie erinnert an die Lousberg-Sage.

Über die Belvedereallee führt der Weg die *Segway*-Nutzer den Lousberg hinunter. Zu Fuß folgen Sie weiter den Teufelsspuren die Treppe rechts, etwa 10 m vor dem Obelisken, hinunter.

7. Der Abstieg vom Lousberg

An ihrem Ende kommen Sie auf eine Lichtung. Hier stehen die Reste der Säulen eines älteren Belvedere-Gartenrestaurants, die sogenannte **Akropolis von Aachen**. Das Restaurant brannte während des Zweiten Weltkrieges ab. Es war 1840 von Friedrich Ark und Adam Friedrich Leydel erbaut worden. Die Säulen bilden im Sommer eine schöne Kulisse für Lesungen.

Akropolis von Aachen

Das **Wassertretbecken** dahinter ist wohl in einer Kur- und Badestadt unverzichtbar.

An der Belvedereallee steht der **Kerstensche Pavillon** (1737). Johann Josef Couven hatte ihn als Gartenpavillon für die Familie Mantels geplant. Nachdem ihn die Stadt Aachen 1906 gekauft hatte, wurde er von seinem ursprünglichen Standort am Annuntiatenbach hierher versetzt. Die Lousberg-Gesellschaft nutzt seinen Hauptraum als Informationsstelle. Das Dachgeschoss ist bewohnt. Auch die Gitter und der Brunnen wurden von Couven entworfen.

Über die Straße oder die Treppen erreichen Sie nun wieder den Teufel und die Marktfrau. Sie verlassen den Lousberg über die Kupferstraße, die an die jahrhundertealte Metallindustrie in Aachen erinnert. Früher wurde in der benachbarten Soers Galmei, ein Zinkerz, abgebaut. Galmei ist in der Messingherstellung unverzichtbar.

8. Über die Alleen zurück

Am Ende der Straße kommen Sie auf der Ludwigsallee zum **Marienturm**, auch **Marienburg** genannt. Bitte überqueren Sie die Straße an der Ampelanlage.

Die Gartenanlage der Ludwigsallee wurde ebenfalls im Stil eines englischen Garten geplant. An den Seiten des Turms erkennen Sie noch deutlich die Reste der geschliffenen Stadt-

Marienburg

mauer. Der Turm wurde 1512 zum Bollwerk ausgebaut. Seit 1932 diente er als **Ehrenmal** für die Gefallenen des Ersten Weltkrieges. Dafür schuf Matthias Corr 1933 das Grabmal des unbekannten Soldaten. Seit seiner Wiederherstellung von Kriegsschäden 1950-55 dient der Turm als Gedenkstätte für alle Opfer von Kriegen und Gewalt.

Fahren oder gehen Sie vom Eingang rechts durch den Alleenpark zurück zum Ausgangspunkt dieser Tour. Der Weg ist zum Teil noch mit einem reich verzierten Pflaster geschmückt.

Aachen entdecken – ein Stadtführer

Nach etwa 150 m erreichen Sie die Kreuzung an der Krefelder Straße und der Monheimsallee. Hier stand ehemals ein Stadttor, das Bergtor.

Am Eingang zur Parkanlage der Monheimsallee sehen Sie ein Kunststoffpferd in einem Stall aus Beton. Das Kunstwerk ist von Dirk Kaldewey und trägt den Titel **Aachen – ein Haus für Pferde**. Es wurde anlässlich der World-Horse-Parade 2001 von einer Aachener Betonbaufirma gestiftet.

Nach wenigen Metern die Monheimsallee hinunter erreichen Sie wieder den *Quellenhof*.

Diese Tour können Sie auch mit einem *Segway* machen. Ein *Segway* ist ein vollelektronisches Zweirad, das durch Gewichtsverlagerung gesteuert wird. Es fährt umweltfreundlich, geräuschlos und relativ schnell. Sie werden in Städten immer häufiger als Touristenspaß vermietet, auf Messen jedoch auch als schnelles Transportmittel genutzt.

Die *Segways* der Firma „Aixdrive" stehen im „Hotel Quellenhof". Sie können sie über die Telefonnummer 0241-404511 ausleihen. Weitere Informationen unter www.aixdrive.de. Das Mindestalter für das Fahren eines *Segways* beträgt 15 Jahre. Sie brauchen außerdem mindestens einen Mofa-Führerschein. Helme können Sie ebenfalls ausleihen. Mit nur einer kurzen Einweisung kann der Spaß losgehen.

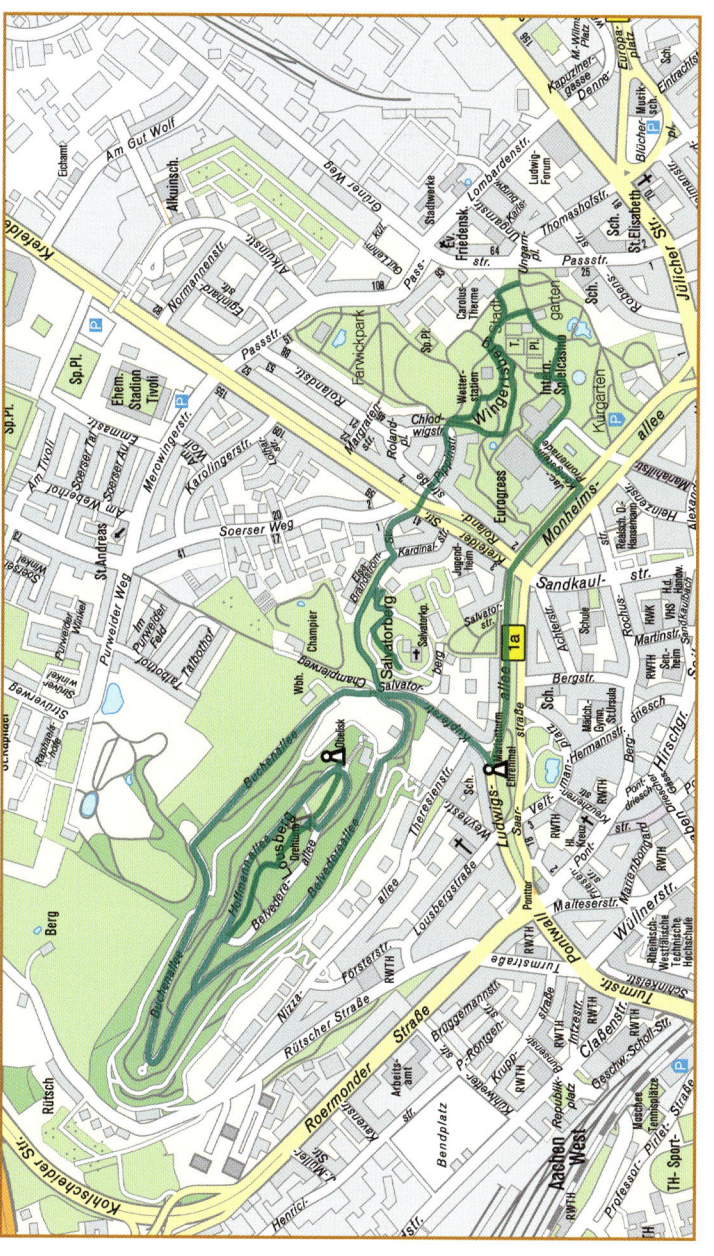

Kleines Aachen-ABC

Aachen

Aa, das doppelte A bedeutet *Wasser* in der Sprache der Franken. Aus *Aa* wurde *Ach* und später *Aachen*. Die römische Stadt soll *Aquis Granni* oder *Grannae*, übersetzt „an den Wassern des Grannus", geheißen haben. *Aken*, sagen die Niederländer. In *Aix-la-Chapelle* wurde Aachen während der Franzosenzeit umbenannt. *Oche*, heißt Aachen im örtlichen Dialekt, dem Öcher Platt. *Bad Aachen*, so darf Aachen sich nennen, verwendet das „Bad" jedoch nicht im Namen. Dann würde die erste Stelle auf allen deutschen Städtelisten einer anderen Stadt zufallen …

Alemannia Aachen

Der erfolgreichste Aachener Fußballverein heißt TSV Alemannia Aachen. Alemannia spielt zur Zeit in der Zweiten Bundesliga. Der Klub wurde 1900 als Schülermannschaft gegründet. Die Heimat der Fußballer ist der Tivoli s. S. 120. Das Stadion befindet sich im Sportpark Soers an der Krefelder Straße.

Alleenring

Der Alleenring ist ein Straßenring rund um die mittelalterlichen Stadtgrenzen Aachens. Einige der Straßennamen enden auf Allee. Der Ring entstand auf den Resten der zweiten Aachener Stadtmauer. Bereits zu Beginn des 19. Jahrhunderts wurden auf den geschliffenen Mauern durch Hofgärtner Maximilian Friedrich Weyhe Alleen mit Spazierwegen angelegt. Die Stadtmauer wurde zwischen 1257 und 1350 erbaut. Sie hatte elf Stadttore, 22 Wachtürme und war etwa 5,8 km lang.

Barbarossamauer

Auf Befehl Kaiser Friedrich I., genannt Barbarossa, begann Aachen nach 1171 mit dem Bau einer ersten Stadtmauer. Sie war etwa 8 m hoch, knapp 2,4 km lang und von Gräben umgeben. Sie hatte zehn Stadttore und zehn vorgelagerte Wachtürme. Der innere Straßenring folgt dieser ersten Stadtmauer bis heute. Fast alle Straßennamen auf dem inneren Stadtring enden auf Graben.

Blaustein

Blaustein wird in der spätmittelalterlichen Steinarchitektur gerne als Zierstein rund um die Fensterlaibungen verwendet. Später gestaltete man ganze Fassaden aus Blaustein. Man kann aber auch Böden und Treppen mit ihm belegen. Es ist ein Kalkstein, der im Aachener Süden ebenso zu finden war, wie in den Ardennen. Heute sind die regionalen Steinvorkommen weitgehend ausgeschöpft.

CHIO

Der „Concours Hippique International Officiel", kurz CHIO, ist die offizielle Bezeichnung des Aachener Reitturniers. Ausrichter des Turniers ist der ALRV, der Aachen-Laurensberger Rennverein. Das Reitstadion in der Soers fasst etwa 44.000 Zuschauer. Dort finden die Springprüfungen statt. Außerdem gibt es ein Dressurstadion mit 4.000 Plätzen, das auf 8.000 Plätze erweitert werden kann. Es gilt als das größte der Welt. Das Turnier wird als Fünf-Sparten-Turnier meist im Juni oder Juli ausgetragen. Die Disziplinen sind: Springen, Dressur, Vierspännerprüfungen, Vielseitigkeit und Voltigieren.

Couven

Johann Josef Couven, 1701 geboren, gilt als wichtigster Baumeister des späten Barock in der Aachener Region. Er gilt als Meister des Rokoko im 18. Jahrhundert. Flache Bögen mit einem Keilstein in der Mitte kennzeichnen die Fenster seiner Häuser. Richtungsweisend waren seine Entwürfe für die Innenausstattungen von Kirchen und Privathäusern. Das Aachener Rathaus wurde nach seinen Plänen völlig neu gestaltet. Ein festes Einkommen sicherte ihm seine Stellung als dritter Ratssekretär. Er starb 1763. Erhalten sind zwei Pavillons, das Brunnenbecken des Kaiser Karlsbrunnens und die Kirchen St. Johann und St. Michael in Burtscheid. Sein Sohn Johann Jakob (1735-1812) folgte ihm als

Couvenmuseum

Aachen entdecken – ein Stadtführer

Architekt nach. Er baute das Couven-Museum am Hühnermarkt und das Alte Kurhaus in der Komphausbadstraße.

Seine regionalen Konkurrenten waren Laurenz Mefferdatis und Josef Moretti.

Dreiecksplätze

Rund um Dom und Rathaus gibt es keine viereckigen Plätze. Die Plätze der Aachener Altstadt sind alle dreieckig. Der einzige rechteckige Platz dort ist der Katschhof. Er verbindet Dom und Rathaus miteinander. Grund für die Dreiecksplätze ist die Pfalzanlage Kaiser Karls aus dem ausgehenden achten Jahrhundert. Die rechteckige Anlage wurde in einem Winkel von 38° zur damals offensichtlich noch vorhandenen Straßenführung der römischen Stadt erbaut.

Einhard

Einhard ist Kaiser Karls erster Biograf. Die „Vita Karoli Magni" wurde von ihm etwa 20 Jahre nach Kaiser Karls Tod verfasst und gilt als sein wichtigstes Schriftwerk. Er lebte und arbeitete an der Hofschule Kaiser Karls des Großen und war maßgeblich am Bau der Pfalzanlage beteiligt. Der Universalgelehrte gehörte zum engen Freundes- und Beraterkreis des Herrschers. Einhard, der um 770 geboren wurde, starb 840 in Seligenstadt. In Aachen wurde das Einhard-Gymnasium nach ihm benannt.

Einwohner

Aachen hat etwa 247.000 Einwohner. Davon leben rund 150.000 in der Stadtmitte.

Fachhochschule

Die Fachhochschule Aachen (FH) wurde 1971 als Zusammenschluss mehrer berufsbezogener Bildungseinrichtungen und Schulen gegründet, die schon zu Beginn des 20. Jahrhunderts bestanden. Sie kann so auf eine mehr als 100 Jahre alte Geschichte zurückblicken. Sie hat 10.300 Studierende in 39 Bachelor- und 17 Masterstudiengängen in Ingenieurwissenschaften, Wirtschaftswissenschaften und Design.

Größe

Aachen hat eine Gesamtfläche von 161 Quadratkilometern. Die Ortsteile sind: Aachen-Mitte/Burtscheid, Brand, Eilendorf, Haaren, Kornelimünster/Walheim, Laurensberg und Richterich.

Grannus

Grannus ist eine keltische Heil- und Wassergottheit. Er wurde in Aachen neben Apoll von den Römern verehrt. Sein Name findet sich in der römischen Ortsbezeichnung „Aquis Granni" (vgl. „Aachen", S. 108) wieder. Ein örtliches Mineralwasser wurde nach ihm benannt: „Granus-Sprudel". Auch der Granus-Turm am Rathaus trägt seinen Namen. Die Schreibweise seines Namens hat sich unterschiedlich eingebürgert.

Heiligtümer/Heiligtumsfahrten

Schon seit Kaiser Karls Zeiten werden im Aachener Domschatz bedeutende Reliquienschätze verwahrt. Der Marienschrein birgt vier besonders wichtige Geschenke des einstigen Patriarchen von Jerusalem an Kaiser Karl: Es sind Stoffreliquien, die seit Jahrhunderten als die Windeln und das Lendentuch Jesu, das Kleid Mariens aus der Heiligen Nacht und das Enthauptungstuch von Johannes dem Täufer verehrt werden. Sie stehen in direktem Zusammenhang mit der Menschwerdung Jesu Christi, seinem Sterben und der Einheit des Alten und Neuen Testaments in der Bibel.

Seit 1349 finden im Rhythmus von sieben Jahren Heiligtumsfahrten statt. Nur bei dieser Gelegenheit werden die wertvollen Stoffe öffentlich gezeigt.

Ursprünglich waren es sogar sieben Reliquien. Drei wurden von Ludwig dem Frommen nach Kornelimünster verschenkt. Dort werden sie als die Salvatorreliquien verehrt (vgl. S. 124).

Internationaler Karlspreis zu Aachen

Der wichtigste Preis, der in Aachen verliehen wird, ist der Internationale Karlspreis zu Aachen. Er wurde 1949 von Aachener Bürgern ins Leben gerufen und 1950 zum ersten Mal verliehen. Erster Karlspreisträger war Richard Graf Coudenhove-Kalergi, der Gründer der Paneuropa-Bewegung. Seitdem sind ihm zahlreiche Staatsmänner und Staatsfrauen, ein König und eine Königin, ein Papst, ein Volk und sogar eine Währung gefolgt. Der Preisträger wird vom Karlspreisdirektorium ausgewählt. Die Preisverleihung findet traditionell am Himmelfahrtstag im Krönungssaal des Aachener Rathauses statt. Der Preisträger bekommt eine Medaille im Wert von 2.500 Euro.

Aachen entdecken – ein Stadtführer

Karlspreisträger

Richard Graf Coudenhove-Kalergi (1950), Hendrik Brugmans (1951), Alcide de Gasperi (1952), Jean Monnet (1953), Konrad Adenauer (1954), Sir Winston S. Churchill (1955), Paul Henri Spaak (1957), Robert Schumann (1958), George C. Marshall (1959), Josef Bech (1960), Walter Hallstein (1961), Edward Heath (1963), Antonio Segni (1964), Jens Otto Krag (1966), Josef Luns (1967), Die Kommission der Europäischen Gemeinschaften (1969), François Seydoux de Clausonne (1970), Roy Jenkins (1972), Don Salvador de Madariaga (1973), Leo Tindemanns (1976), Walter Scheel (1977), Konstantin Karamanlis (1978), Emilio Colombo (1979), Simone Veil (1981), König Juan Carlos I. von Spanien (1982), Karl Carstens (1984), das Volk von Luxemburg (1986), Henry A. Kissinger (1987), François Mitterrand und Helmut Kohl (1988), Frère Roger de Taizé (1989), Gyula Horn (1990), Václav Havel (1991), Jaques Delors (1992), Felipe Gonzáles Márquez (1993), Gro Harlem Brundtland (1994), Franz Vranitzky (1995), Königin Beatrix der Niederlande (1996), Roman Herzog (1997), Bronislaw Geremek (1998), Anthony (Tony) Charles Lynton Blair (1999), William Jefferson (Bill) Clinton (2000), György Konrád (2001), der Euro (2002), überreicht an den Präsidenten der Europäischen Zentralbank, Wim Duisenberg, Valéry Giscard d'Estaing (2003), außerordentlicher Karlspreis 2004 an Papst Johannes Paul II., Patrick (Pat) Cox (2004), Carlo Azeglio Ciampi (2005), Jean-Claude Juncker (2006), Javier Solana Madariaga (2007), Angela Merkel (2008), Andrea Riccardi (2009), Donald Tusk (2010), Jean-Claude Trichet (2011).

Josefskirche

Die Kirche St. Josef ist eine besondere unter den Aachener Kirchen. Der 1894 fertig gestellte Kirchenbau ist seit 2006 in eine Grabeskirche umgewandelt worden. In 316 speziell errichteten Stelen finden 1.860 Urnen Platz. Die fehlende Turmspitze wurde nach dem Krieg nicht wieder errichtet. Der Turm soll eine Mahnung gegen den Krieg sein.

Karl der Große

Karl der Große ist der bedeutendste Herrscher Westeuropas im frühen Mittelalter. Er wurde um 748 geboren. 768 trat er die Nachfolge seines Vaters, König Pippins des Kurzen, an.

In den folgenden 46 Jahren seiner Regentschaft gelang es ihm, seinem westeuropäischen Riesenreich eine einheitliche Währung, Maße, Gewichte und Schrift zu geben. Das Christentum wurde Staatsreligion. Deutschland und Frankreich, die beiden größten westeuropäischen Länder, waren unter seiner Herrschaft vereint. Karl wurde Weihnachten 800 von Papst Leo III. in Rom zum Kaiser gekrönt. In Aachen errichtete er seine Hauptresidenz und seinen Altersruhesitz. Er starb hier am 28. Januar 814. Unter Friedrich I. Barbarossa wurde er 1165 heilig gesprochen. Seit 1215 ruhen seine Gebeine in einem Reliquienschrein, dem Karlsschrein.

Klinikum

Zur RWTH Aachen gehört mit dem Universitätsklinikum ein hochmodernes Großkrankenhaus, ein Ort für medizinische Forschung und Ausbildungsstätte für Humanmediziner und Zahnärzte. Das futuristische Gebäude wurde zwischen 1973 und 1983 nach Plänen von Benno Schachner erbaut. Der von außen wie eine Raffinerie wirkende Bau steht seit 2008 unter Denkmalschutz. Architektonische Verwandtschaft besteht mit dem Centre Pompidou in Paris. Das Gebäude hängt an 24 Türmen und hat ein Außenmaß von 257 m Länge und 143 m Breite. Das Haus hat etwa 1.400 Betten und knapp 4.700 Mitarbeiter in 34 Fachkliniken.

Klinikum

Aachen entdecken – ein Stadtführer

Krönungen

Aachen ist die deutsche Stadt, in der die meisten mittelalterlichen Herrscher zu Königen gekrönt wurden. Die Tradition wurde durch Otto I., „den Großen", 936 begründet. Ferdinand I. war 1531 der letzte in Aachen gekrönte König. Er trat die Nachfolge seines Bruders Karl V. an. Dessen Krönung gilt als die glanzvollste, die in Aachen je gefeiert wurde. Zur Erinnerung findet jeweils am 23. Oktober ein Festessen im Krönungssaal des Rathauses zum Wohle der Kasse des Rathausvereins statt.

In etwa 600 Jahren fanden 30 Krönungen in Aachen statt. Zwei Karolinger sind ebenfalls in Aachen zu Herrschern gekrönt worden: Ludwig der Fromme 813 und sein Sohn Lothar 817.

Übrigens, um Kaiser zu werden, mussten die in Aachen gekrönten Herrscher zum Papst nach Rom reisen.

Lennet Kann

Leonard Kann, genannt Lennet, war vor 100 Jahren ein stadtbekanntes Aachener Original. Seine lange, schlaksige Gestalt steckte bevorzugt in einem Gehrock, der mit zahlreichen Schützen- und Karnevalsorden geschmückt war. Meist lebte er vom Betteln oder nahm mit Vorliebe an Beerdigungen teil, um beim anschließenden Leichenschmaus ordentlich satt zu werden. Lennet Kann starb 1916. Ein Karnevalslied, dass ihm schon 1909 gewidmet wurde, machte ihn unsterblich. Alt-Karnevalspräsident Dirk von Pezold machte ihn bundesweit bekannt. Er schlüpft während der Verleihung des „Ordens wider den tierischen Ernst" regelmäßig in die Rolle Lennet Kanns.

Marschiertor

Das Marschiertor gehört zum zweiten Aachener Mauerring. Es wurde im 13. Jahrhundert als Grenztor nach Burtscheid gebaut. Heute residiert hier die älteste Aachener Karnevalsgesellschaft, die Stadtgarde Öcher Penn.

Museen

Die beiden großen Aachener Museen gehen auf bedeutende Sammlungen zurück. Barthold Suermondt legte den Grundstein für die Sammlung des Suermondt-Ludwig-Museums an der Wilhelmstraße.

Seine Sammlung mittelalterlicher Kunst wird eindrucksvoll ergänzt durch Exponate der Sammlung Ludwig, darunter das Porträt eines Knaben von Rembrandt. Peter und Irene Ludwig zählen zu den bedeutendsten Kunstmäzenen des 20. Jahrhunderts. Teile ihrer Sammlung für moderne Kunst sind im Ludwig Forum zu besichtigen. Das Ludwig Forum für moderne Kunst an der Jülicher Straße wurde 1991 in den Räumen der ehemals größten Schirmfabrik Europas, der Schirmfabrik Brauer, eröffnet. Das Haus wird neben seiner Funktion als Museum für zahlreiche kulturelle Veranstaltungen genutzt (Öffnungszeiten aller Museen, s. Anhang).

„Ballerina Clown"

Nadelindustrie

Bis zu Beginn des 20. Jahrhunderts kam jede zweite weltweit genutzte Nadel noch aus Aachen. Für Metallverarbeitung und Textilindustrie war Aachen idealer Produktionsstandort. Besonders das 19. Jahrhundert bescherte der Nadelfabrikation Rekordumsätze. Viele Kinder wurden als Arbeiter in den Fabriken eingesetzt. Sie erkannten sich als Nadlerkinder am ausgestreckten kleinen Finger, dem *Klenkes*. Der *Klenkes* wurde benutzt, um bei der Endkontrolle schlechte Nadeln auszuklinken. Heute gilt er als Erkennungszeichen für die Aachener.

Orden wider den tierischen Ernst

Einen Orden gegen etwas zu verleihen, ist weltweit sicher einmalig. Der „Orden wider den tierischen Ernst" soll Menschen in öffentlichen Funktionen auszeichnen, die sich durch Humor und Menschlichkeit im Amte hervortun. Der Aachener Karnevalsverein richtet alljährlich die Ordensverleihung als große Karnevalsshow im Eurogress aus. Die Sendung wird im Fernsehen übertragen. Der Orden entstand 1950, nachdem der britische Militärstaatsanwalt James Arthur Dugdale einem Delinquenten aus der Aachener Region Amnestie erteilt hatte. Dugdale begründete die Freilassung des Stolbergers, er habe gehört, dass Karneval zu den höchsten Festen im Rheinland gehöre. Damit der nach einer

 Kneipenschlägerei Verurteilte mitfeiern konnte, wurde er drei Tage früher als vorgesehen aus dem Gefängnis entlassen. Ordensritter der letzten Jahre sind: Ottfried Fischer (2012), Karl-Theodor zu Guttenberg (2011), Jürgen Rüttgers (2010), Mario Adorf (2009), Fürstin Gloria von Thurn und Taxis (2008), Joachim Hunold (2007), Friedrich Merz (2006), Karl Kardinal Lehmann (2005), Henning Scherf (2004), Wendelin Wiedeking (2003), Thomas Borer (2002), Guido Westerwelle (2001) und Edmund Stoiber (2000).

Davor waren unter anderem Johannes Rau, Renate Schmidt, Franz-Josef Strauß, Helmut Schmidt, Walter Scheel und Konrad Adenauer unter den Ordensrittern.

Printen

Die Aachener Printen sind eine regionale Spezialität, an der man sich sprichwörtlich die Zähne ausbeißen kann. Wenn sie frisch sind, sind die Printen fest – hart würde in Aachen niemand zu sagen wagen. Die Printen werden als eine Variante des Lebkuchens seit fast 400 Jahren von Aachener Bäckern produziert. Sie waren zunächst ein reines Gebildegebäck, das in Holzmodeln geformt wurde. So entstanden klassische Printenmänner. Da die Printen inzwischen ganzjährig hergestellt werden, sind neue Motive hinzugekommen. Eine neuzeitliche Variante ist der Printenosterhase.

Printen gibt es in zahlreichen Variationen: sie sind mit Schokolade überzogen, mit Marzipan gefüllt, mit Mandeln und Nüssen verziert, oder einfach als Kräuterprinte zu kaufen. Grundzutaten für Printenteig sind: Zucker, Zukkerrübensirup, zwei Komponenten Mehl und zahlreiche Gewürzen. Dabei kommt es auf die Mischung an, und die wird in jeder Bäckerei als Geheimrezept gehütet. Um die besten Printen zu finden, müssen sich die Touristen schon durchprobieren. Also dann, guten Appetit.

Quellen

Das heiße Mineralwasser sprudelt aus zwei Quellzügen. Ein Quellenzug verläuft durch den Ortsteil Burtscheid. Hier sind die Quellen annähernd 74° C heiß. Der zweite Quellenzug quert die Aachener Altstadt zwischen Dom und der Komphausbadstraße.

Die Innenstadtquellen sind bis zu 52,8° C warm. Das Wasser ist ein Heilwasser und nach den Richtlinien der Europäischen Union kein Trinkwasser.

Der einzige offene Brunnen in der Innenstadt ist der Elisenbrunnen. Hier sprudelt das Wasser der Kaiserquelle, einer schwefelhaltigen Natrium-Chlorid-Hydrogencarbonat-Quelle.

Hier die wichtigsten Bestandteile:
pH-Wert: 6,82, Natrium 1390 mg/l, Kalium 71,6 mg/l, Calcium 65,6 mg/l, Magnesium 6,41 mg/l, Eisen ges. 0,42 mg/l, Chlorid 1120 mg/l, Fluorid 7,13 mg/l, Sulfat 257 mg/l, Hydrogenphosphat 0,448 mg/l, Hydrogencarbonat 869 mg/l, Kieselsäure 69,2 mg/l, Kohlendioxid CO_2 114 mg/l, Sulfidschwefel H_2S 2,41 mg/l, Hydrogensulfid HS 3,93 mg/l, Arsen 0,038 mg/l außerdem geringe Spuren von Cadmium, Chrom, Quecksilber, Nickel, Blei, Selen, Zink und Silber.

Angaben aus einer chemischen Analyse vom 6. Oktober 2008 im Auftrag der Stadt Aachen durch Fa. Geotaix, Abteilung Geologie, Würselen.

Rheinisch-Westfälische Technische Hochschule
Wilhelm I. legte den Grundstein zur neuen Polytechnischen Hochschule am 50. Jahrestag Preußen und das Rheinland, dem 15. Mai 1865. Fünf Jahre später begann die Hochschule mit 296 Studenten ihren Lehrbetrieb. Heute ist die RWTH Aachen eine Exzellenzuniversität mit über

Aachen entdecken – ein Stadtführer

36.000 Studierenden aus etwa 90 Ländern der Welt. In fast 100 verschiedenen Studiengängen werden Akademiker in vielen Bereichen der Wissenschaft ausgebildet. Dabei liegt der Schwerpunkt auf technischen Fächern. Zukunftstechnologie wird in Aachen entwickelt und erforscht. Die Universität ist mit 9.000 Beschäftigten der größte Arbeitgeber der Region. Sie wächst in Zukunft weiter. Mit dem Campus Melaten und Westbahnhof sind die Weichen für eine weitere enge Zusammenarbeit von Forschung, Lehre und Industrie gestellt.

Route Charlemagne

Die *Route Charlemagne* ist eine neue Form der Präsentation von historischen und modernen Bauwerken der Aachener Innenstadt. Innen und außen repräsentieren die Gebäude jeweils einen Aspekt der Aachener Stadthistorie von der Zeit Kaiser Karls des Großen bis heute. Die *Route Charlemagne* hat folgende Stationen: Elisenbrunnen und archäologische Vitrine im Elisengarten (2012), das Grashaus am Fischmarkt (wird erst 2014 fertig), der Aachener Dom und sein Domschatz, das Centre Charlemagne am Katschhof (2012/2013 fertig), Couven-Museum, historisches Rathaus, Internationales Zeitungsmuseum im Großen Haus von Aachen in der Pontstraße und das Super C der RWTH Aachen am Templergraben.

Sie können dem Weg der Route ganz oder teilweise folgen, oder auch einzelne Bauwerke getrennt von den anderen besuchen.

Stadtbrand

Am 2. Mai 1656 brach in einer Bäckerei an der Jakobstraße ein Kaminbrand aus. Während die Löscharbeiten in vollem Gange waren, wurden die Bürger durch eine Falschmeldung auf die Mauern gerufen. Die Stadtoberen glaubten, die Stadt würde angegriffen. So konnte sich das Feuer rasend schnell ausbreiten. Ganz Aachen wurde ein Raub der Flammen. Nur die wenigen Steinbauten überstanden das Inferno. Seitdem waren Holzhäuser in Aachen verboten. Das heutige Stadtbild ist im Wesentlichen nach dem Stadtbrand entstanden.

Stadtmauer

Sehen Sie bitte unter Alleenring und Barbarossamauer nach (S. 108).

Stadtrecht

Aachen erhielt das Stadtrecht am 8. Januar 1166 durch Kaiser Friedrich I., genannt Barbarossa. Die freie Reichs- und Handelsstadt war direkt dem König unterstellt. Einen Tag später bekam Aachen auch das Münz- und Marktrecht.

Städteregion

Am 21. Oktober 2009 trat eine große Verwaltungsreform in Kraft. Der ehemalige Kreis Aachen und die kreisfreie Stadt Aachen schlossen sich zu einer Städteregion zusammen. Die Städteregion vertritt der Städteregionstag unter der Leitung des Städteregionsrates, der gleichzeitig der Leiter der Städteregionsverwaltung ist. Auf diese Weise konnten verschiedene Verwaltungseinheiten zusammengefasst werden, ohne dass Aachen seinen Status als kreisfreie Stadt aufgeben musste.

Textilindustrie

Die Textilindustrie war über Jahrhunderte hinweg die führende Wirtschaftskraft in der Stadt Aachen, die Aachener Tuche ein gern gekaufter Exportschlager. Heute gibt es nur noch eine Textilfabrik, die hochwertige Stoffe aus Wolle, Baumwolle und Mischgewebe herstellt. Den Stoff der Zukunft hingegen entwickelt das Institut für Textiltechnik der RWTH Aachen. Dabei greifen die Forscher durchaus auf bewährte Webtechniken früherer Jahrhunderte zurück.

Theater

Neben dem Theater Aachen, das 1825 als Stadttheater eröffnet wurde, hat sich in Aachen eine bunte Szene von freien Theatern entwickelt. Neben dem *Das Da Theater* und dem *Theater K*, die eigene kleine Bühnen unterhalten, gibt es eine reiche Anzahl freier Bühnen und Theatergruppen. Geboten werden klassische Stücke, Boulevard, Komödien und Heimatschwänke. Das Angebot ergänzen freie Kabarettgruppen und ein Stockpuppentheater, das Öcher Schängchen (vgl. Schängchen, s. S. 128).

Die Städteregion hat vom Kreis Aachen das Grenzlandtheater in der Elisengalerie übernommen.

Aachen entdecken – ein Stadtführer

Tivoli
Der Tivoli: Steil-laut-eng-gelb. Das 2009 neu erbaute Fuß-ballstadion von Alemannia Aachen liegt neben dem Turniergelände in der Soers. Der Tivoli fasst 32.900 Zuschauer.

Tivoli

Universitäten
Neben der Rheinisch-Westfälischen Technischen Hochschule und der Fachhochschule Aachen (vgl. eigene Texte S. 110 u. 117/118) gibt es zwei weitere akademische Einrichtungen: die Katholische Hochschule Nordrhein-Westfalen, Abteilung Aachen, bietet für 750 Studierende Bachelor- und Master-studiengänge im sozialen Bereich an. Die Musikhochschule Aachen ist eine Abteilung der Musikhochschule Köln.

Aachen hat an allen akademischen Einrichtungen zusammen etwa 49.000 Studierende aus aller Welt.

Verkehrsverein
Der ehemalige Aachener Verkehrsverein e. V. heißt heute „aachen tourist service e.v.“. Er hat seine Touristeninformation im linken Seitengebäude des Elisenbrunnens.

Wasser
Informationen zum Aachener Wasser finden Sie unter dem Begriff „Quellen“ (S. 116/117).

Weihnachtsmarkt

Der Aachener Weihnachtsmarkt ist eine echte Touristenattraktion. Er gilt als einer der schönsten in Deutschland. Der Markt und Aktionskreis City (MAC) veranstaltet ihn alljährlich ab dem letzten Freitag im November bis Heilig Abend. Etwa 120 Händler und Imbissbuden ziehen rund um Markt und Katschhof weit mehr als eine Million Besucher an.

Zweiter Weltkrieg

Nach dem Stadtbrand (vgl. Stadtbrand, S. 118) von 1656 wurde Aachen während des Zweiten Weltkrieges in 74 Bombennächten ein zweites Mal zerstört. Der Krieg endete jedoch eher als in anderen Städten Deutschlands. Bereits am 21. Oktober 1944 ergaben sich die Aachener den britischen und amerikanischen Truppen. Schon am 31. Oktober 1944 wurde der erste Aachener Nachkriegsbürgermeister, Franz Oppenhoff, auf Zuruf gewählt. Nach dem Krieg wurde Aachen zum Teil modern wieder aufgebaut. In der Altstadt sind viele Häuser in althergebrachten Baustilen neu errichtet worden. Manche bekamen Fassaden als Kulisse vorgesetzt. Sie waren an anderer Stelle im Weg und wurden durch diese Kulissenschieberei gerettet.

Zoo

Am Drimborner Wäldchen hat sich aus dem Aachener Tierpark ein gern besuchter Kleinzoo entwickelt. Der Euregiozoo liegt in der Nähe eines Naturschutzgebiets. Er bietet vor allem für Familien mit Kindern viele Abwechslungen: einen Streichelzoo, Führungen und Fütterungen durch die Besucher. Ein Luchswald, ein Affenhaus und eine Savannenanlage zeigen exotische Tiere möglichst nah an ihrem natürlichen Lebensraum. Besondere Lieblinge der kleinen und großen Besucher sind die Brillenpinguine.

7 Burtscheid

Das Aachener Kurzentrum findet man heute im Ortsteil
Burtscheid. Schon die Römer haben hier ihre schmerzen-
den Glieder in den heißen Quellen gebadet. Sie sind etwa
74° C warm und gründen fast 4.000 m tief. Vier von elf
schwefelhaltigen *Nartium-Chlorid-Hydrogen-Carbonat-Quellen*
versorgen die Burtscheider Kurbäder mit Wasser.

Als römischer *Vicus* wurde Burtscheid unter dem Namen
Porcetum im ersten Jahrhundert nach Christus gegründet. Ein
Weihestein des Lucius Macer belegt, dass schon damals die
Heilwirkung des Aachener Wassers geschätzt und genutzt
wurde. Die Reste einer römischen Therme in Burtscheid
wurden im Frühjahr 2010 gefunden. Das Schwertbad, die
Rheumaklinik und die Klinik an der Rosenquelle sorgen
heute dafür, dass Aachen sich „Bad Aachen" nennen darf.
 Ein beliebter Treffpunkt für die Burtscheider und ihre
Gäste ist der Markt, gleich hinter dem Kurpark mit den
Kurparkterassen. Dort sprudelt das *Köche Pützchen*, in einen
rot gekachelten Brunnen von Rita Brück-Landvogt (1953).
In früheren Zeiten galt es als Touristenattraktion, in dieser
Quelle Eier zu kochen. Vom Markt aus erreicht man das
historische Abteitor von 1644. Es ist im regional typischen
maasländischen Fachwerk errichtet.

Abteitor   St. Johann

Die Geschichte des modernen Burtscheid beginnt mit Gregor von Kalabrien, einem Abt des Basilianer Ordens. Der Orden geht auf den hl. Basilius zurück und ist heute noch vorwiegend in Italien tätig. Er gründete 997 eine Benediktinerabtei unter dem Protektorat Ottos III.

Der Burtscheider Abteiberg gilt als Meisterwerk des Rokokoarchitekten Johann Josef Couven. Die ehemalige Abteikirche St. Johann und die benachbarte Pfarrkirche, die „Leutkirche" St. Michael, gehen auf seine Pläne zurück. Beide Kirchen wurden im 18. Jahrhundert neu erbaut, brannten während des Krieges aus und wurden anschließend wieder restauriert. Eine bronzene Skulptur von Gregor von Kalabrien findet man links neben dem Eingang von St. Michael. Sie wurde 1964 von Bonifatius Stirnberg geschaffen. St. Johann besitzt einen der größten Kirchenschätze diesseits der Alpen. Er kann besichtigt werden.

Von 1220/21 bis zur napoleonischen Zeit hatten die Frauen in Burtscheid das Sagen. Die Benediktiner wurden von Zisterzienserinnen abgelöst, deren Fürstäbtissinnen von nun an die Geschicke des Ortes leiteten. Burtscheid war „reichsunmittelbar" und unterstand nur dem Befehl des Königs. Erst 1897 wurde es nach Aachen eingemeindet.

Kochbrunnen

St. Michael

8 Kornelimünster

Kornelimünster liegt am Rande der Eifel, ist aber seit 1972 ein Ortsteil von Aachen. Es hat seinen historischen Ortskern tief im Tal des Flusses Inde bewahrt. Nicht nur deshalb ist Kornelimünster ein ideales Ausflugsziel. Für Wanderer beginnt am Ortseingang der beliebte Eifelsteig. Dieser Wanderweg führt durch die Eifel bis nach Trier.

Über die Trierer Straße fährt man von Aachen aus über Brand nach Kornelimünster. Der Ort wurde schon am Beginn unserer Zeitrechnung als kleine Siedlung von den Römern genutzt. Das *Varnenum*, eine gallo-römische Kultstätte der Göttin Sunuxsal, befindet sich oberhalb des heutigen Ortskerns.

Kornelimünster wurde 817 durch Ludwig den Frommen, den Sohn und Nachfolger Karls des Großen, gegründet. Sein Freund und Berater Wizia leitete unter dem Namen Benedikt von Aniane das Benediktinerkloster in Inda, wie der Ort damals hieß. Als Reformkloster stieg es schnell zum ersten Kloster des Reiches auf. Drei Reliquien aus dem Aachener Domschatz schenkte Ludwig der neuen Abtei. Sie werden seitdem in Kornelimünster verwahrt. Es sind die sogenannten *Salvatorreliquien*: das Schürztuch, das Schweißtuch und das Grabtuch Jesu Christi. In Kornelimünster finden parallel zu Aachen im Sieben-Jahres-Rhythmus Heiligtumsfahrten statt. Dann werden die Reliquien öffentlich von der Balustrade

Die Badende

Abteitor

der Propsteikirche St. Kornelius aus gezeigt. Die Basilika ist im Grundriss fünfschiffig und wurde ab 817 in 900 Jahren ständig vergrößert und erweitert. Der Hauptaltar und der Orgelprospekt sind späte Arbeiten von Johann Josef Couven (vgl. „ABC", S. 109/110).

Die Basilika liegt im historischen Ortszentrum, umgeben von zahlreichen Altstadthäusern am Korneliusmarkt und Benediktinerplatz. Der Name Kornelimünster entstand erst zu Beginn des elften Jahrhunderts. Karl der Kahle, ein Enkel Kaiser Karls des Großen, hatte 875 die Reliquien des hl. Kornelius nach Inda gebracht. Etwa 150 Jahre später wurde der Ort offiziell umbenannt.

Neben dem schönen Ortskern gibt es die ehemalige Reichsabtei zu besichtigen. Das Gebäude wurde 1721 für den Fürstabt Hyacinth Alfons von Sys im Renaissancestil errichtet. In den barocken Sälen befindet sich die Ausstellung „Kunst in Nordrhein-Westfalen – Förderankäufe seit 1945" (Öffnungszeiten im Anhang).

Im späten Frühjahr findet in Kornelimünster traditionell ein historischer Jahrmarkt statt. Dann bildet der pittoreske Ort die richtige Kulisse für altertümliche Fahrgeschäfte aus der Sammlung von Zirkus-Roncalli-Chef Bernhard Paul und alte Handwerkskunst.

Korneliusmarkt

Abteigarten

9 Das Dreiländereck

Ein beliebtes Ausflugziel außerhalb Aachens ist das Dreiländereck. Hier treffen die Grenzen von Deutschland, Belgien und den Niederlanden zusammen. Vom Aachener Stadtzentrum aus können Sie ab Elisenbrunnen (H2) stündlich ab 10:10 Uhr mit der ASEAG nach Vaals und von dort aus weiter zum Dreiländereck fahren. In den Sommermonaten fährt mehrmals täglich ein Hop-on Hop-off Bus. Nähere Informationen gibt Ihnen „aachen tourist service".

Der Weg führt über die niederländische Grenzstadt Vaals hoch hinauf auf den höchsten Berg der kontinentalen Niederlande, den Vaalser Berg. Oben auf dem Plateau erwarten Sie touristische Attraktionen in drei Ländern.

Die belgische Seite lässt Sie weit blicken: Vom Baudouin-Turm aus haben Sie eine herrliche Aussicht auf Aachen, das niederländische Mergelland, das *Heuvelländchen*, und die Ausläufer der belgischen Ardennen.

Sie können aber auch auf niederländischer Seite das schönste Labyrinth der Niederlande besuchen. Vorsicht ist im Sommer geboten, da gibt es zwischen den Hecken einige nasse Über

Dreiländerpunkt

raschungen! Kinder amüsieren sich auf dem benachbarten Spielplatz, während die Erwachsenen das reichhaltige Gastronomieangebot genießen können. Spätestens jetzt werden Sie froh sein, dass es eine einheitliche Währung in Europa gibt!

Der höchste Punkt der Niederlande ist bei unseren Nachbarn ein beliebtes Fotomotiv. Er ist 322,5 m hoch.

Der Dreiländerpunkt ist mit Fahnen der Länder geschmückt. Hier ist es möglich, mit je einem Bein in einem anderen Land zu stehen.

aachen tourist service e. v.
Tourist Info Elisenbrunnen,
Friedrich-Wilhelm-Platz
52062 Aachen
Tel.: +49/(0)2 41/180 29 60 oder -61
www.aachen-tourist.de
Öffnungszeiten:
Mo.-Fr. 9.00-18.00 Uhr
Sa. 9.00-14.00 Uhr
von April bis Dezember
auch sonn- und feiertags geöffnet:
samstags 9.00-15.00 Uhr, sonntags
10.00-14.00 Uhr

Carolus Thermen Bad
Passstr. 79, 52070 Aachen
Tel.0241/18274-0
mail@carolus-thermen.de
sind täglich von 9.00 Uhr bis 23.00
Uhr geöffnet.
24.12. 09.00-14.00 Uhr
25.12. 15.00-23.00 Uhr
31.12. 09.00-14.00 Uhr
01.01. 15.00-23.00 Uhr
Einlass bis 21.30 Uhr
Badezeit bis 22.40 Uhr

Schwimmhalle Elisabethstraße
Elisabeth-Halle,
Elisabethstraße 10, 52062 Aachen
Tel. 0241/432-5216
geöffnet
Mo.   06.30-18.00 Uhr
Di.   06.30-21.00 Uhr
Mi.   12.00-20.00 Uhr
Do.   06.30-21.00 Uhr
Fr.   06.30-21.00 Uhr
Sa.   07.00-14.00 Uhr
So.   geschlossen

Schulschwimmen:
Mo.-Fr.   08.00-16.10 Uhr

Kassenschluss:
3/4 Std. vor Betriebsende

Museen:
Ludwig Forum für
Internationale Kunst
Jülicher Str. 97-109, 52070 Aachen
Tel 0241/1807-104
www.ludwigforum.de
geöffnet:
Di., Mi., Fr. 12.00-18.00 Uhr
Do. 12.00-20.00 Uhr
Sa., So. 11.00-18.00 Uhr
Mo. geschlossen

Suermondt-Ludwig-Museum
Wilhelmstraße 18, 52070 Aachen
Tel. 0241/47980-0
www.suermondt-ludwig-museum.de
geöffnet:
Di., Do., Fr. 12.00-18.00 Uhr
Mi. 12.00-20.00 Uhr
Sa., So. 11.00-18.00 Uhr

Couven-Museum
Hühnermarkt 17, 52062 Aachen
Tel. 0241/432-4421
geöffnet: Di.-So. 10.00-18.00 Uhr
Mo. geschlossen

Domschatzkammer und Dom
Domschatzkammer, Johannes-Paul-
II.-Straße, ehem. Klostergasse („Klei-
nes Drachenloch"), 52062 Aachen
(kein Zugang durch den Dom)
Tel.: 0241/47709127
www.aachendom.de
Öffnungszeiten Januar-März:
Mo. 10.00-13.00 Uhr
Di.-So. 10.00-17.00 Uhr
Öffnungszeiten April–Dezember:
Mo. 10.00-13.00 Uhr
Di.-So. 10.00-18.00 Uhr
Ostermontag und Pfingstmontag
10.00-18.00 Uhr

DOM: Regelmäßige Führungen im
Dom für Einzelgäste!

Dauer: 45 Minuten (Achtung: Keine Führungen für Einzelgäste in der Domschatzkammer – nur Gruppen-führungen und auf Vorbuchung!
Mo. 11.00, 12.00, 13.00 Uhr
Di.-Fr. 11.00, 12.00, 13.00, 14.30, 15.30, (16.30, 17.30 Uhr)
Sa.+So. 13.00, 14.00, 15.00, 16.00, (17.00 Uhr)
[() = Bei ausreichender Nachfrage]
Täglich: Jeweils um 14.00 Uhr findet eine Domführung in englischer Sprache statt.

Internationales Zeitungsmuseum
Pontstraße 13, 52062 Aachen
Tel. 0241/432-4910
www.izm.de
geöffnet: Di.-So 10.00 -18.00 Uhr
öffentliche Führungen
So. 14:00-15:00 Uhr

Rathaus
Markt, 52062 Aachen
Tel. 0241/432-7310
Besichtigung:
Täglich 10.00-18.00 Uhr außer zu besonderen Veranstaltungen.

Bitte beachten Sie geänderte Öff-nungs- und Schließzeiten zu den Weihnachts- und Karnevalstagen bei allen öffentlichen Einrichtungen!

Theater Aachen
Theaterkasse, Theaterplatz
52062 Aachen
Tel. 0241/4784-244
theaterkasse@mail.aachen.de
www.theater-aachen.de

Grenzlandtheater Aachen
des Kreises Aachen GmbH, Elisen-galerie, Friedrich-Wilhelm-Platz 5/6
52062 Aachen

Tel. (0241) 47 46 111 (Theaterkasse)
www.grenzlandtheater.de

Öcher Schängchen
Barockfabrik – Zentrum für Kinder- und Jugendkultur
Löhergraben 22, 52064 Aachen
Tel. 0241/432-7417 (vormittags)
puppenbuehne@mail.aachen.de

Eurogress Aachen
Monheimsallee 48,52062 Aachen
Tel. 0241/9131-0
www.eurogres-aachen.de

Reichsabtei Kornelimünster
Kunst aus NRW, Abteigarten 6,
52076 Aachen-Kornelimünster
Tel. 02408/6492
geöffnet: Di. & Mi. 10.00-13.00 und 15.00-17.00 Uhr
Sa.15.00-18.00 Uhr
So. 12.00-18.00 Uhr

Euregiozoo Aachener Tierpark Gemeinnützige AG
Obere Drimbornstraße 44,
52066 Aachen
Tel. 0241/5 93 85
www.euregiozoo.de
geöffnet:
16. Febr.- 15. Okt. 9:00-18:30 Uhr (letzter Einlass 18:00 Uhr)
16. Okt.-15. Nov. 9.00-17:30 Uhr (letzter Einlass 17:00 Uhr)
16. Nov.-15. Febr.9.00-16:30 Uhr (letzter Einlass 16:00 Uhr)
Hunde dürfen nicht mitgebracht werden!

Weitere Angebote unter :
www.aachen.de